양하 일기
兩河日記

2020년 7월 27일 초판 1쇄 발행

지은이 이철우
펴낸이 전귀연
펴낸곳 신광문화사
출판등록 1991년 6월 26일 제6-130호
주소 경기도 파주시 광인사길 201 (문발동, 파주출판도시)
전화 031) 955-4211~6 / 팩스 031) 955-4217
전자우편 donghwapub@nate.com / 홈페이지 www.donghwapub.co.kr
공급처 도서출판 동화기술

책값은 뒤표지에 있습니다.
잘못 만들어진 책은 바꾸어 드립니다.

Printed in Korea.

ISBN 978-89-7432-951-8 (03810)

이 도서의 국립중앙도서관 출판예정도서목록(CIP)은 서지정보유통지원시스템 홈페이지
(http://seoji.nl.go.kr)와 국가자료종합목록 구축시스템(http://kolis-net.nl.go.kr)에서
이용하실 수 있습니다. (CIP제어번호 : CIP2020029107)

兩河日記

양하일기

이철우 지음

신광문화사

저자 서문

악양루에 올라 동정호(洞庭湖)의 물안개를 바라보니 문득 논어의 한 구절이 떠올랐다.

'子曰 知者樂水 仁者樂山 知者動 仁者靜 知者樂 仁者壽'

나는 산골에서 나고 자랐다. 산과 시냇가가 어린 시절의 놀이터였다. 산과 시내 중에서도 나는 유독 시냇가에서 놀기를 좋아했다. 여름철이면 거의 알몸으로 냇가에서 놀았다. 특히 고기잡이를 좋아했다.

봄, 여름, 가을, 겨울의 시냇가! 그때마다 나는 오묘한 계절의 변화와 함께 나이를 먹었다. 그런 이유인지 나는 지리 공부를 너무도 좋아하고 열심히 했다. 어린 시절에는 사회과 부도를 가장 즐겨보았다. 정보가 없던 시절 사회과 부도는 지금의 포털사이트 같았다. 오대양 육대주가 지도에 나와 있고 나름 다양한 통계들이 들어 있었다. 세계를 보는 유일한 'window', 즉 창이었던 셈이다. 지리학을 전공하는 게 꿈이었는데 지금도 내 인생의 아쉬움 중에 하나다.

대학교 1학년 때 고향에 있는 한탄강을 걸어서 종주하였다. 분단의 강이라 3분의1은 북한에 속해 있어서 완전한 종주는 못되었지만 강은 언제나 그렇게 내 삶 속에 있었다. 벌거숭이 소년의 놀이터요, 청년의 꿈을 세상과 이어주던 강. 작은 시내가 강물이 되고 그 강물이 모여 바다가 되고 세계가 되는 그 흐름 속에 나는 언제나 움직이고 있었다.

30여 년 사회운동과 정치역정 속에서도 강을 빼고는 내 생각은 한 치도 흘러갈 수 없었다. 내 첫 저서 '한탄강에 서면 통일이 보인다'처럼 나는 강가에 서서 세상을 보기를 즐겨 했다. 강을 보며 늘 이런 생각을 한다. '민심은 강물과 같다. 민심의 흐름이 곧 역사다.'

한 번의 당선, 또 한 번의 낙선, 그 사이에 있었던 어처구니없던 일들이 나를 다시 강으로 돌아가게 했다. 표를 얻는 것이 꼭 민심을 얻는 것과 일치하지 않는다는 것을 알았다. 오히려 반반씩 나누는 '절묘한 거래'에서 백성들은 싸움만 키우는 '민주주의'를 살아야 했다. 그렇게 만들어지는 정권과 정당들은 그 싸움 속에서 자생하는 본성을 가질 수밖에 없었다.

어디가 처음이요 끝인지 모를 뫼비우스의 띠처럼 한국사회는 분단의 질곡에 허우적거리고 있다. 사람들은 분단이 이런 비상식의 원인이라 할지 모르지만 어쩌면 수백 년을 이어온 식민성이 분단의 원인이 아니었을까 역발상을 해보았다.

4.19, 5.18, 10.26, 6.10, 그리고 초유의 촛불시위와 독재자의 딸 박근혜의 탄핵, 얼핏 보아도 우리의 한 세기는 비상식이라 말하지 않을 수 없다. 상식이 통하는 세상을 부르짖던 노무현도 비상식적으로 생을 마감하지 않았는가? 형식적 민주주의마저도 진흙탕 싸움의 무기로 악용되는 나라, 청와대와 검찰 권력이 서로 다른 방향으로 흐르는 나라, 여타의 비상식을 다 열거할 지면이 모자랄 것 같다.

독재자의 딸이 대통령이 되는 것도 신기하지만 탄핵당하는 것도 지상 최대의 촛불놀이를 통해 가능한 이 역동의 나라!

탄핵 이후 새로운 정부가 들어섰지만 사람들은 무언가 마음속에 허전함을 감출 수가 없었다. 왜 그대로일까? 촛불이 박근혜 개인을 탄핵한 것인가? 여야만 바뀌었을 뿐 세상은 그대로였다. 4.19시대 담벼

락의 격문과 유인물 한 장으로 진실을 알리던 때나, 5G 휴대폰으로 세상 소식이 내 손안에 있소이다 하더라도 본질은 차이가 없다는 것이다. 왜일까? 무엇 때문일까? 분단? 미 · 중? 동북아? 아니면 못난 우리? 선거는, 투표는 민심을 있는 그대로 대변하지 못한다. 그저 자신들의 당장의 이해관계를 대변할 뿐 투표용지에 마음을 싣지 않는다. 민심, 백성의 마음을 담기에는 투표용지는 턱없이 작다. 그런데도 선거가, 투표가 우리의 뜻과 마음을 모아준다고 착각한다. 번번이 후회하면서 말이다. 이 백성이 마음 둘 곳, 이 민족이 함께 바라보아야 할 곳은 정녕 없는가? 기독교 집안에서 자란 전통적 크리스찬인 나는 성경에서, 교회에서, 기도로 그 답을 구해보려 여러 날을 생각해 보았다. 그 큰 뜻이야 맞는 말이지만 우리의 교회의 모습은 사람들이 마음을 두기에는 점점 멀어져가고 있었다. 중국의 거리엔 이런 구호가 있다.

> 인민은 신앙이 있어야 하고 (人民有信仰)
> 민족은 희망이 있어야 하고 (民族有希望)
> 국가는 능력이 있어야 한다 (国家有力量)

인민은 신앙이 있어야 한다 신앙은 곧 마음 둘 곳이다. 무언가 함께 믿을 것이 있어야 한다는 것이다. 민족이 희망이 있어야 한다. 그것은 곧 미래에 대한 구체적 믿음 아닐까? 우리에게 이 백성에게 공동선이 있는가? 이민족에게 어떤 미래의 청사진이 있는가? 내가 믿어왔던 기독교 신앙도, 여러 가지 사상도, 정치가들의 목청 높은 연설에서도 백성의 마음 둘 곳과 민족의 미래는 찾기 힘들었다. 이제 나도 어느덧 耳順의 나이가 되었다. 이 책을 출간할 즈음이면 동양에서 말하는 한 甲子를 돌아온 시간을 살았다. 그럼에도 아직 나를 찾고 있지 못하다니! 내가 이 만큼 살아온 것이다. 이제 내 인생을 살고 있다고 자신할 수 있을까? 내 백성이 마음 둘 곳이 없는데 나는 마음 둘 곳이 있는가? 이 민족이 갈 길을 찾지 못하고 있는데 나는 갈 길을 찾았단 말인가?

떠나자!

내가 아직도 고향에 있다니!

1300년 전 신라의 혜초는 바랑 하나 메고 오천축국을 향해 떠났다. 지금도 어려운 길을 그는 무엇을 위해 그 막연한 길을 결심했을까?

700년 전 마르코 폴로는 반대로 우리가 있던 동방으로 마주 오고 있었다. 징키스칸의 말발굽에 놀라 동방이 궁금했든, 그들의 장사를 위해 동방이 필요했든 마르코 폴로는 그렇게 길을 떠났다.

200년 전 전 답답한 성리학의 세계에서 붕당의 싸움에 지친 연암은 청나라 사신단에 끼어 그 마음의 응어리를 풀어보고자 청나라로 떠났다.

100년 전 안중근은 17세에 천하학(유학)을 넘어 천주학에 감동되어(그것은 십자기 희생을 말하는 것이라 생각) 상해로 건너가 10여 년을 오직 쓰러져가는 조선과 제국주의의 전장으로 변해가는 동북아를 근심하며 '동양평화론'을 쓰게 된다. 그가 생각하는 동양평화의 걸림돌을 혈혈단신으로 저격하며 조선인과 4억 중국인의 잠을 깨우게 되었다.

그로부터 또 100여 년이 흘렀다. 지난 100년 우리의 역사를 누가 있는 그대로 기술할 수 있을까? 이 기막힌 역사를 누가 만들었을까? 제국주의와 분단사는 곧 세계사이며 20, 21세기 세계사의 알맹이 중의 알맹이다.

미 · 중, 남 · 북이 씨줄 날줄이 되어 쓰고 있는 이 현재진행형의 세계사! 이 거대한 강물을 거슬러 올라가기로 했다. 고향 땅 아버지 집을 떠나자! 중국으로 가자!

나는 한국 사람들에게 묻는다. “중국을 어떻게 생각하세요?”라고 물으면 한국 사람 열에 아홉은 “더럽다. 시끄럽다”라고 답한다. 중국을 얼마나 아세요? 또다시 열에 아홉은 ‘장가계에 갔다 왔다. 계림에 갔다 왔다’ 풍경 이야기만 한다.

현재 미국의 모든 대외 정책은 중국에 초점이 맞춰져 있다 해도 과언이 아니다. 우리 역사 5000년(중국도 황제 이후 5000년이라 함) 동안 우리는 4900년을 중국의 변방으로, 때로는 싸우기도 했지만 많은 날은 주군과 신하의 국가로 살아왔던 게 역사의 진실이다. 그러면서도 어쩌면 중국을 가장 모르는 나라일 수도 있다는 생각을 했다.

혜초도 중국을 다니고서야 천축국을 가게 되었다. 연암의 세계도, 응칠의 세계도 그리고 지금의 세계도 중국을 모르고는 한 발짝도 들어갈 수 없다.

한국의 촛불 정권이 출범한 지 1년이 채 못 되어서 촛불은 다시 꺼질 것만 같다. 촛불은 세상을 밝힐 순 있어도 구악을 태울 수 없고, 횃불은 세상을 태울 수는 있어도 백성의 밥을 짓지는 못한다. 백성들이 어떻게 밥을 짓는지 그 아궁이의 불을 보자. 이런 마음을 가지고 마음속에 담아두었던 두 江, 장강(长江)과 황하(黄河)를 지도로 펴놓고 바라보았다. 2019년 2월 20일 장강을 향해 출발했다.

上长江, 下黄河!

중국을 보고 싶었다. 중국을 맛보고 싶었다. 중국을 듣고 싶었다. 중국을 알고 싶었다. 그리고 중국에서 한반도를 보고 싶었다. 중국에서 세계를 보고 싶었다. 혜초의 영혼으로 마르코 폴로의 용기로 연암의 호기심으로 응칠의 근심과 사랑으로 그렇게 길을 떠났다.

이 책은 장강이 끝나는 상해 앞바다의 총밍다오(崇明岛)에서 출발하여 6500 km 장강의 발원 청해성의 위슈(玉树)까지, 다시 황하 원두(源头)에서 산동성 동영 앞바다의 황하구까지 5,500 km를 따라가며 보고 맛보고 듣고 알고 싶었던 이야기들을 모았다.

동방견문록을 쓴 마르코 폴로가 신성모독으로 고발되었을 때 그를 변호하던 신부(神父)가 마르코 폴로에게 "'지금까지 말한 것은 다 사실이 아니다'라고 말하면 된다."라고 하자 마르코 폴로는 "지금까지 말한 것은 기껏 내가 보고 들은 것의 절반도 되지 않습니다."라고 했다.

이 책에 쓴 것도 내가 보고 들은 것의 절반도 되지 못한다. 필설로 옮기기에는 글재주가 짧고 드넓은 땅을 흐르는 강물을 어찌 다 지면에 옮길 수 있겠는가? 독자들의 상상과 내가 경험하지 못한 것까지 덧붙여 중국을 이해하는 데 도움이 되었으면 더 바랄 것이 없겠다. 특히 중국을 주군의 나라로 받들면서 자기보다 큰 일본을 왜국이라 비하하다 늘 침략을 받고 미·일을 등에 업고 뙤놈(大國 → 때국 → 뙤국놈)이라 업신여기는 한국인들의 편향에 작은 충고가 되었으면 한다.

중국을 있는 그대로 이해하는 것이야말로 우리가 세계 속에서 자존을 지킬 수 있는 그 첫걸음이라 새삼 강조하고 싶다. 중국을 공부하고 이해하고 싶은 독자들에게 작은 길잡이 역할을 했으면 하는 바람이다.

1부에서는 중국 장강을 거슬러 올라가면서 본 중국의 모습과 우리의 모습을 번갈아 이야기할 것이다.

2부에서는 앞에서도 잠깐 언급했지만 황하를 따라 내려오면서 이 백성이, 이 민족이 어디에 마음을 두어야 하고 어디로 가야 할 것인지 내 믿음은 약하지만 이사야의 마음이 되어 응칠의 심정으로 담담히 써 내려갈 것이다.

내 백성이 마음 두는 곳 우리 민족이 가야 할 길이 곧 나의 마음 가는 곳이요 내 발 길이기 때문이다.

루쉰이 아Q정전(阿Q正傳)을 쓰지 않았으면 자신이 아Q가 되었을 것 같았고 카프카는 변신을 쓰면서 딱정벌레 같은 삶을 벗어날 수 있었던 것처럼 떠나지 않으면 영원히 이 땅을 떠나버릴 것 같은 답답함이 나를 대륙의 장강으로 중원의 황하로 발걸음을 내 딛게 했다. 이 책을 쓰면서 나는 문자가 얼마나 내가 보고 느낀 것을 전하기에 무딘 수단인가 절실히 느꼈다 아니 내 문장이 얼마나 짧은지 원망스러웠다.

남들은 안 보고도 본 것처럼 소리도 냄새도 색깔도 심지어 마음까지도 잘도 그리는데 내 필설이 이리도 무디고 짧다니 마음이 떠날 때 만큼 이나 답답하다. 허나 詩는 감동 받을 준비가 되어 있는 사람에게만 노래가 되고 마술은 속아 줄 아량이 있는 사람에게만 놀라움이 되듯이 누구나 할 수 있는 이야기를 썼지만 의미 있게 읽어 줄 독자들의 넓은 아량을 기대하며 이 책을 감히 내어 놓는다.

끝으로 기나긴 여행 중에도 털끝 하나 다치지 않게 지켜주신 하나님께 감사드린다.

더불어 이 책을 세상에 내어놓기까지 도움을 주신 정우용 회장님, 이해규 회장님, 집필을 위해 자신의 처소를 기꺼이 내어준 최석범 교수님과 물심양면으로, 기도로 함께 여행한 벗들께 감사드린다. 여섯 번째 책을 내는 동안, 60여 년 동안 눈물과 기도로 함께 해 온 세 여인, 어머니, 아내, 딸에게 특별히 이 책을 바친다.

2020년 1월
소양강가의 대곡 산방에서
이 철 우

차례

2부 下黃河 177

兩河日記

1부

上长江

장강(长江), 바다에 오르다

세상의 지명에는 다 그 유래가 있다. 중국이나 한국의 지명에는 川, 河, 山, 江 혹은 东西南北등 하천이나 산, 위치 등을 기본으로 정해지는 경우가 많다. 上海! 여러 번 다녀본 중국의 대표적인 도시다. 베이징과 더불어 중국 최대의 관문이라 해도 과언이 아니다. 장강이 만들어 놓은 도시, 6,500 km를 달려온 장강은 상해에 와서 바다에게 스스로를 내어준다. 이번 여행을 장강을 거슬러 올라가기로 정하면서 상해는 자연히 길고 긴 여행의 출발점이 되었다. 왜 상해일까?

원나라 때 처음으로 상해현(上海县)이라는 지명을 얻었다는 기록도 있고 Shanghai라고 선원을 납치하는 지명이라는 말도 있지만 어느 것도 내 맘에 썩 들지 않는다. 왜 상해일까? 우리는 보통 바다에서 뭍에 오를 때 상륙(上陆)이라 한다. 맞다! 그래! 상해 上海는 바다에 오르는 것이다. 장강이 바다에 올라가는 것이다. 이렇게 생각하고 나니 이번 여행의 종착점이 될 황하 하구는 언뜻 발해(渤海)라는 것이 떠올랐다. 渤海의 渤은 지명을 위한 글자다. 뜻이 없는 글자라는 말이다. 그러나 渤의 勃은 勃發(발발)할 때 勃의 뜻이라 생각한다.

장강은 바다로 올라가고 황하는 바다를 일으킨다. 여행을 시작하면서 지도를 펴 놓고 수십 수백 번 양 강을 더듬어 보았다. 그 시작은 이제 찾아가지만 바다와 만나는 지점 만큼은 분명 상해(上海)와 발해(渤海)아닌가!

장강과 상해, 황하와 발해를 이렇게 내 나름대로 정의하고 나니 두 강이 더 큰 의미로 다가왔다. 우리가 서해라 부르는 그 바다로 두 강이 중국 대륙의 모든 걸 녹여 보낸다.

숭명도의 바오진 항

먼 길을 떠나며 출발지와 도착지의 지명을 내 나름대로 명명하고 떠나니 중국대륙이 금방이라도 안겨올 것 같은 기분이 든다. 그러면 장강은 어디서 바다에 오를까? 崇明島! 숭명도를 중국 사람들은 총밍다오 라고 부른다. 상해 시내에서 버스를 타고 장강대교를 건너면 서울의 여의도 같은 느낌의 섬이 있다. 장강이 만들어 낸 섬. 숭명도. 그 크기는 서울시의 두 배 가까이 된다. 지금도 매년 면적이 늘어나고 있다.

섬의 북은 장쑤성이고 남쪽은 상해다. 숭명도를 제대로 돌아보려면 며칠은 족히 필요하다. 대만, 하이난(海南)에 이어 세 번째로 큰 섬을 장강이 대륙의 흙을 날라 만들어 놓았다. 동서 80 km, 남북 13~18 km의 큰 섬이다. 갈 길이 먼 이유로 출발하는 날 하루 돌아보았다. 첫 인상이 부자섬이구나! 잘 구획된 농경지며 서구풍의 주택들... 언제 한 번 다시 와서 며칠이고 다니고 싶은 섬이다. 특히 봄에 아름다울 것 같은 느낌의 섬이다. 장강의 디딤돌! 장강은 바다를 만나며 이 큰 섬, 숭명도를 딛고 바다로 올라간다. 너무 먼 길을 달려와 무언가를 딛지 않고는 오를 수가 없어 숭명도가 필요했으리라 생각하며 발길을 재촉한다.

장강 1만 5천 리는 이렇게 첫발을 떼었다.

2 이방의 나그네가 된다는 것

나그네란 세상을 살아가는 법을 배우는 사람이다.

나그네

주섬주섬 새소리를 담는다
세상이 버렸노라
세상을 버렸노라
아침마다 다른 소리로 운다

차곡차곡 아침 햇살을 담는다
세상을 비추는지
세상이 맞아주는지
아침마다 다른 눈부심으로 뜬다

나그네는 아는 이 아무도 없는 장강가의 객잔에서 아침마다 짐을 싼다.

2007년 운남성에서 1년여 생활한 적이 있다. '그때 배운 중국어가 아직 남아 있을까?' '아쉬우면 휴대폰의 번역 앱을 쓰지 뭐.' 하면서 이 여행을 시작했다. 말은 그런대로 일상에 불편함이 없었는데 문제는 중국의 일상이 너무 많이 변했다는 것이다. 10년이면 강산도 변한다는 말이 실감이 났다.

혼자 길을 간다는 것, 제 한 몸뚱이 생명을 유지한다는 것, 세상 모든 일이 내 몸을 둘러싸고 있는 사건 이상도 이하도 아니라는 걸 나그네가 되어 보면 알게 된다.

숭명도를 떠나 상해로 건너와 더 이상 설명이 필요 없는 상해의 모습을 바라보면서 빨리 이 도시를 벗어나야겠다는 생각 뿐이었다. 상해로 흘러온 장강은 더 이상 강이 아니다. 오히려 장강의 지류인 황포강이 상해의 얼굴이다. 세계 최대 도시 상해!

"당신이 찾는 것은 모두 상해에 있다. 상해에 없으면 세상 어디에도 없다." 함께 딤섬을 먹으며 옆자리에 앉은 산동에서 왔다는 사람이 한 말이다.

12년 전 중국에 있을 때는 그저 현금만 들고 다녔다. 환율도 1:120 정도에 물가도 싸서 적은 한국 돈으로도 객지 생활을 그럭저럭 꾸릴 수 있었다. 10년이 지난 오늘, 중국은 현금이 없어도 된다. 아니 거의 필요가 없다. 그렇다고 카드가 필요한 것도 아니다. 휴대폰 하나만 있으면 된다.

상해 살기!

와이탄을 건너다 목이 말라 물 한 병을 샀다.

"뚜어샤오첸(多少钱)?"

"싼 콰이(三块)"

"쯔푸바오, 웨이신(支付宝, 微信)?"

"쯔푸바오(支付宝)."

점원이 가리키는 곳에 쯔푸바오(支付宝, 알리페이) QR 코드가 있다. 그 QR 코드를 스캔하고 금액을 써서 넣고 누르기만 하면 3위안이 결제된다. 점원에게 휴대폰 화면에 뜬 결제 확인 페이지를 보여주며 눈만 맞추면 결제 끝. 버스를 탈 때도, 지하철을 탈 때도, 식사 후에도, 호텔에 투숙할 때도, 심지어 노점상에서도 휴대폰으로 결제한다. 휴대폰 결제가 안 되는 곳이 어디 있을까? 오히려 재래시장의 작은 점포에서는 100위안짜리 현금을 내면 좋아하지 않는다. 왜냐하면 위폐 감별기가 없어서 불편하단다.

사람은 모여서 살게 되어있고 모인 곳에는 시장이 있고 시장에는 화폐가 있다. 화폐의 변천사는 어쩌면 인류 역사의 한 단면이 되기에 충분하다.

첫날 숭명도를 출발하면서 내 마음에 떠오르는 상해의 이름 뜻을 정해 보았다. 이름을 얻었으니 이제 새 세상을 익히지 않을 수 없다. 먹고 일용한 것들을 구하고 이동하고 잠자리를 찾아야 하는 나그네, 아니 한 생명체의 원초적 삶을 이제 시작하는 것이다. 말을 배우고, 물건을 구하고, 잠잘 곳을 찾는 것, 상해에서 소주까지 가면서 익히고 배워야 할 것들이다.

뚜벅뚜벅 걷는다.
세상의 끝이 있는지
세상을 끝내려는지
어느 발이 앞서는지 모른 채 걷는다.

사실 이 여행을 결심할 무렵 영화 '바울'을 보았다. 다마스커스의 충격으로 회심한 바울이 왜 세상 속으로 곧바로 들어가지 않고 광야로 가서 3년을 방황했는가? 누가복음과 사도행전의 저자 누가가 극중에 나온다. 로마 감옥에 잠입한 누가가 바울에게 묻는다.

"선생이시여! 선생께서는 어찌하여 하나님의 음성을 듣고도 곧바로 세상 속으로 가지 아니하였습니까?"

바울의 대답이 내 기억 속에 오래 남아 있다.

"나는 광야에서 기도하는 법을 배우고 싶었다. 그리고 사랑하는 법을 배우고 싶었다. 그리고 설교하는 법(가르치는 법)을 배우러 갔다."

하나님의 음성을 듣고 확신에 찬 바울이 무엇이 부족하여 광야로 갔을까? 그래 떠나자!

내가 가는 곳이 어디든 홀로된 나그네에게 광야가 아닌 곳이 어디 있겠는가? 걷고 또 걷다 보면 그 강의 시원이 있을 것이요. 또 다른 강의 하구에 다다를 것이다.

장강은 동선이다. 목표다. 장강을 벗어나도 다시 돌아올 수 있는 변함없는 동선이다. 이것만 믿고 걷고 또 걷는다. 배낭, 여권, 휴대폰과 내 몸이 하나가 되어 장강 6,500 km, 황하 5,500 km를 따라 움직일 것이다. 모든 게 서툴고 시행착오의 연속이다.

이번 여행의 이동은 걷기와 대중교통뿐이다. 되도록 택시도 타지 않기로 마음먹었다. 사실 전 여행 기간 중 택시 탄 것을 꼽아보면 두 손으로 꼽을 정도로 거의 타지 않았다. 상해는 이번 여행을 위한 훈련의 장이었다. 변화된 중국의 일상 시스템에 적응하는 게 그리 쉽지는 않다. 황포강과 와이탄을 거슬러 인민광장까지 오니 하루해가 저문다.

'어디서 자야 하나?'

광장에 앉아 휴대폰에 있는 Alipay앱을 연다. 'Fliggy Hotel'에 들어가서 상해 인민광장 주변의 빈관(宾馆, HOTEL)들을 검색한다.

1년여를 매일 여관 잠을 자야하는 데 어찌 비싼 호텔을 이용할 수 있을까? 100元 내외를 기준으로 200元을 넘지 않는 수준으로 하려니 여행 내내 숙소를 구하는 게 쉽지만은 않았다. 상해의 물가는 서울 이상이다. 지하철, 버스, 택시 모두 중국의 다른 도시에 비하면 배가 비싼 것도 많다. 이를 감안해서 상해에서 만큼은 200元 내외의 빈관을 잡자 생각하고 검색을 해서 좀 뒷골목 쪽에 있는 빈관을 예약했다. 앱으로 예약하면 예약과 동시에 대금도 지불되는 것이다. 200위안 정도의 빈관을 예약하고 좀 거리가 떨어져 있어 띠디(滴滴, 중국판 우버)를 불러 보았다. 보통 didi는 위치 정보를 켜놓으면 자동으로 내 위치를 알려주게 되고 꺼놓으면 직접 입력하면 된다. 내 위치 정보를 켜놓았기 때문에 잘 찾아오려니 했는데, 웬걸? 올 시간이 되었는데 한참

만에야 전화가 왔다. 띠디 기사다. '지금 위치가 어디냐?' 묻길래 주변 건물을 둘러 보면서 공상 은행 맞은편 맥도날드 옆이라 해도 영 알아듣지 못했다. 내 발음이 안좋은 건지, 그 기사가 지리를 모르는 건지 답답하게 한참을 통화하다가 결국 둘 다 포기하고 나는 택시를 탔다. 걸어가기에는 날이 서물었다. 중국 사람들은 띠디가 일상속의 중요한 대중교통 수단이 되었지만 나는 띠디에 대한 첫인상이 그래서인지 이후에도 띠디는 많이 이용하지 않았다.

3 나그네란 어떤 사람인가?

울컥울컥 설움이 온다
세상의 불쌍한 것을 보면
세상의 억울한 것을 보면
그건 나도 불쌍하고 억울한 적이 있었기 때문이다.

나그네는 해가 지는 것이 싫다. 아니 두렵다. 오늘은 어디서 추위와 이슬을 피하지? 어디서 곤비한 몸을 쉬게 하지? 이런 걱정을 매일매일 하는 게 나그네다. 번화가 뒤편에 있는 허름한 빈관엘 갔다. 예약 사이트를 보여주고 예약되었으니 방을 달라고 했더니 호텔 직원이 어디론가 전화를 했다. 잠시 후 건넸던 여권을 돌려주면서 외국인은 재워줄 수 없으니 다른 데로 가보란다. 미안하다 말을 반복하면서 말이다. 난감하다. 내가 물었다. 그러면 어디로 가면 좋겠냐고. 그 직원은 옆 호텔은 될 거라고 했다. 날은 어둡고 어쩌랴. 그럼 옆 호텔로 가겠다고 했더니 예약한 건 취소되면 자동으로 환불된다고 일러준다. 옆 호텔로 갔더니 아뿔싸! 방값이 350元이다. 상해에서 300元 이하 호텔에서 외국인을 받는 곳은 많지 않다는 걸 나중에야 알았다. 그리고 앱으로 예약을 한다 해도 예약 전에 전화해서 외국인 투숙이 가능하냐고 먼저 물어보아야 한다. 말 배우랴, 차타는 법 배우랴, 숙소 잡으랴, 초등학생 세상 배우듯 그렇게 첫날이 갔다.

어스름, 어스름 햇살이 눕는다
세상 비추느라 지쳤나

세상 무서워서 사라지나
새들도 뛰놀던 강아지도 숨을 곳을 찾는다.

매일 밤 잠자리를 바꿔야 하는 나그네
첫날 밤 쉽사리 잠이 오지 않는다.

숭명도에서 상해까지 오는 데도 숨이 차다. 길 찾기는 이제 일일이 사람들에게 묻지 않아도 되는 세상이 되었다. 지도앱 '고덕지도(高德地圖)'를 켜고 목적지를 치면 정확히 안내해준다. 그래도 숭명도에서 상해까지의 첫날은 입학식 날 모든 게 낯선 아이가 학교 안에서 이곳저곳 찾지 못해 허둥대는 모습이었다. 빈관은 그저 3성급의 보통 호텔인데 짐을 풀고 몸을 씻고 하루를 돌아보며 자리에 눕는다.

까맣게 까맣게 어둠이 온다
세상의 시간이 빠져버렸다
세상의 만물이 숨을 죽인다
나그네도 내일을 덮고 눈을 감는다
이렇게 하루가 지나간다.

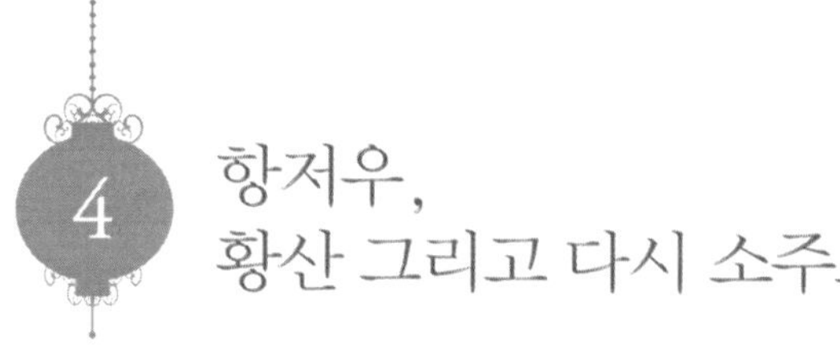

4 항저우, 황산 그리고 다시 소주로

상해에서 며칠 더 '중국연습'을 할까 하다가 항저우로 발길을 옮긴다 장강 6,500 km, 그 장강에 연해있는 省이 청해성에서 상해까지 13개 성에 이른다. 중국 대륙의 절반을 흐르는 长江, 그 강은 상해로 모여 바다에 오른다.

상해를 보면 중국이 보인다. 그만큼 상해는 중국의 표본실이라 해도 과언이 아니다. 무엇이 상해로 오나? 인걸이, 물산이 강물에 실려 상해로 온다. 그들의 고향으로 가자. 그렇게 하루 만에 상해를 떠났다.

10년 전에 없던 교통수단이 하나 있다. 바로 까오티에(高铁), 우리의 KTX이다. 총 연장이 2019년에 28,000 km, 2020년엔 30000 km가 된다고 한다. 서울에서 부산이 500 km이니까 서울, 부산 왕복을 스물여덟 번 혹은 서른 번하는 길이다. 철도 앱 '12306'을 켰다. 항저우를 찍었다. 일반 기차로 두 시간 반 거리를 45분에 간다. 앱으로 상해 홍차오 역에서 항저우 동역까지 예약을 했다. 요금은 56元(우리 돈 9000원)이다. 까오티에를 처음 타보면서 대뜸 드는 생각은 KTX와의 비교다. 얼마나 빠를까? 얼마나 편할까? 등등

중국의 모든 대중교통은 검색대를 통과하지 않으면 안된다. 시외버스, 지하철, 기차, 비행기, 배... 어느 것도 검색대 없이 탈 수 없다. 그리고 중국인들은 이 통과절차가 생활화 되어 있다. 한국인들은 모두 불편함을 말한다. 그러나 중국의 입장에서 보면 이해가 된다. 중국은 우리가 생각하는 그런 하나의 국가가 아니다. 23개 성, 5개 자치주, 4개 특별시, 2개의 특별 행정구로 이루어진 사실상 연방국가다.

티벳이나 신장에서 상해를 가는 것은 외국을 가는 것과 크게 다를

바 없다. 상해 사람이 동북이나 내몽고를 가는 것 또한 외국을 가는 것과 진배없기 때문이다. 56개 민족이 34개 국가에 흩어져 사는 데 이를 중화세계라 부르는 것이다.

홍차오역은 까오티에(高铁)가 생기면서 만들어진 新역이다. 원래 상해역이 상해의 철도 허브였지만 이젠 홍차오역이 그 자리를 차지했다. 이런 현상은 중국 전역에서 똑같이 이루어지고 있다.

다시 홍차오 역에 가보자. 철도앱 '12306'으로 예약한 휴대폰과 여권을 매표구에 들이밀면 차표를 내어준다. 인터넷 정보망에 접근이 가능한 사람들은 이렇게 발권을 하지만 그렇지 못한 사람들은 공민증(신분증)을 들고 줄을 선다. 역마다 자동 발권기가 있는데 이 자동 발권기는 외국인은 사용 불가다. 공민증 인식은 가능하지만 외국인 여권 인식은 불가능하기 때문이다. 그렇기 때문에 외국인은 언제나 줄을 서야 한다. 줄을 설 때마다 느끼는 건데 '왜 내가 선 줄 앞에는 늘 이상한(?) 사람이 있을까?' 머피의 법칙치고는 너무 매번이다. 시골에서 올라온 노인은 창구에서 아예 상담을 한다. 젊은이만 서 있는 줄에 서면 거기에도 젊어도 상담을 하는 시골뜨기가 있다. 중국에서 줄 서는 것은 중국에서 인내심을 익히는 작은 덕목 중에 하나다. 가는 곳마다 사람이 넘친다.

그렇게 처음 탄 항저우행 까오티에는 우리의 KTX와 크게 다르지 않다. 객차는 상무(商务 business), 一等, 二等, 무좌(无座, 입석)로 나뉘는데 가격 차이가 상당하다. 나는 늘 二等객차를 이용한다. 왜냐하면 가는 속도는 같으니까. 시속 300 km 내외로 달린다. 상해에서 항저우까지는 저지대 평원이다. 산 하나 없는 평지를 달려 도착한 항저우! 저장성의 성도다. 내 여행 루트인 장강과는 좀 떨어져 있지만 항저우는 꼭 한번 가보고 싶은 도시였다.

항저우는 장강에 연해있지는 않지만 장강과는 경항운하(京杭运

남송의 청대거리

河)로 연결되어 있는 도시다. 베이징과 항저우간의 대운하의 종착점이 바로 항저우다. 경항운하는 항저우에서 시작해서 태호와 장강을 거쳐 산동성 지닝과 하북성으로 거슬러 올라가 베이징으로 가는 세계 최대의 운하다. 항주 항에서 텐진 항까지 이어진 불가사의 한 운하다. 언제 시간이 되면 이 경항운하를 따라 여행해 보고 싶다.

항저우는 남송시대에 꽃을 피운 고도다. 아직도 남송의 화려하고 개방적인 문화유산의 면목을 만날 수 있다. 항저우는 서호를 빼놓고 이야기할 수 없다. 서호가 곧 항저우다. 남송, 항저우의 바코드가 바로 서호인 것이다. 중국 역사에서 당, 송시대는 아주 특별한 의미를 갖는다. (당, 송이야기는 황하 편에서 자세히 말할 것이다.)

여진족에 밀려 항저우로 도읍을 옮긴 송나라를 남송이라 칭한다. 사치와 퇴폐, 자유분방함으로 일컬어지는 남송의 문화가 항저우를 항저우답게 하는 유산이 되었다.

중국은 요즘 한복(汉服) 즉 한족의 전통의상이 유행이다. 마치 우리가 90년대 개량한복이 유행했던 것처럼. 汉服중에 최고는 바로 항저우 비단으로 만든 옷이다. 그만큼 항저우는 중국 비단의 대명사가 되었다. 이는 바로 남송의 영향도 컸지만 황산으로 이어지는 지역적 지리적 특성으로 양잠이 일찍이 발달한 데 있다.

항저우에서 까오티에로 1시간 50분 거리에 있는 황산시로 발걸음을 재촉한다.

중국에서 살고 싶은 도시, 하나 – 황산시

황산(黃山)은 중국에서는 손꼽는 명산이다. 바위와 구름과 황산송이라 이름하는 소나무가 황산을 만든다. 북해라 불리는 북쪽 사면의 물줄기는 장강으로 이어지고 남쪽으로 흐르는 물줄기는 항저우로 간다. 황산이 우리에게 깊은 인상을 주며 알려진 것은 한 · 중 수교이후 중국 관광이 열리면서 대한항공 광고 화면에 황산의 풍경이 방영되면서 그 인지도가 최고인 산이 되었다.

중국 관광을 갔다 온 사람이라면 황산, 계림, 장가계 순서가 아닐까 싶다. 그만큼 여행사에서도 앞다퉈 상품을 내놓았으니까 말이다. 2월 말의 황산으로 가는 길섶엔 노란 유채꽃과 함께 초봄의 새순들이 막 돋아나는 무렵이었다.

광안객잔(宏安客栈)에서 하루를 묵고 이튿날 일찍 황산엘 올랐다. 황산은 구름 한 점 없는 날이 많지는 않지만 구름 한 점 없는 날은 진정한 황산이 아니다. 황산이 중국의 5악에는 들지 못하지만 황산은 홀로 있어도 스스로 빼어난 아름다운 산이다. 의미 있는 중국 산수화가

황산

광안객잔

다 황산을 그린 것만으로도 그 이유가 충분하고도 남는다.

황산시는 인구 150만 정도의 地级市다. 중국의 행정구역은 省, 市, 县, 镇, 村이 있다. 市에는 직할시(直辖市)(베이징, 상해, 충칭, 천진)이 있고 省에는 省都가 있다. 일반시는 지급시(地级市)와 현급시(县级市)로 나뉘고 지급시 이상의 시에는 구(区)가 있는데 이 구는 县级이라고 보면 된다.

황산시는 3개의 区와 4개의 县으로 이루어진 지급시다. 시내에는 신안강(新安江)이 흐르고 이 강은 항저우로 흘러간다. 이 신안강가를 걸으면서 참 살기 좋은 도시라는 느낌을 받았다. 맑은 공기, 춥지 않은 기후, 아름다운 산과 들, 대도시처럼 번잡하지 않은 도시공간이 한결 여유로워 보였다. 툰시(屯溪)의 청대거리는 황산이 이전부터도 살기 좋았음을 잘 보여주고 있다.

잠시 장강을 벗어나 황산으로 향했던 발걸음은 다시 장쑤성의 소주로 향하며 장강으로 돌아가게 된다. 黃山北역에서 杭州东역 그리고 다시 상해의 홍차오(虹桥)역. 중국은 까오티에로 인해 교통혁명을 이루어냈다. 그전에는 하루, 이틀 기차를 타고 가던 거리를 한나절 만에 간다. 까오티에는 시간만 단축한 것뿐만 아니라 도시 리모델링의 기준이 되었다. 황산역, 항주역, 상해역 등 기존의 역들은 신설되는 까오티에가 접근하기에는 여러모로 장애가 많으니까 까오티에는 도심 밖에 역을 세울 수밖에 없다. 어느 도시를 가나 까오티에 역은 그 도시의 명칭에 東西南北을 붙여 명명했다. 황산북, 항저우동, 청뚜동, 난징남 등 지명에 동서남북이 붙은 역 이름은 모두 까오티에가 정차한다는 뜻이다. 그러면서 자연스럽게 까오티에 역 주변은 각 도시의 신도시 역할을 한다. 잘 계획된 도시계획으로 고층 아파트와 공공기관 등이 이전하여 도시의 활력을 불어 넣으며 전 중국의 도시 리모델링의 한 표준이 되었다. 자연스럽게 이전의 중심 역들은 구도심으로 일시적인 침체를 겪거나 새로운 리모델링을 준비하고 있다. 까오티에가 바꾸고 있는 중국 도시들의 변화는 가히 그 열차의 속도만큼이나 빠르다.

황산의 신안강

6 정원의 도시 소주(苏州)에서 한 · 중 교류 30년을 돌아본다

상해에서 장강을 따라 조금 올라가면 인구 1000만의 대도시 소주가 나온다. 소주는 장강과 태호라는 큰 호수를 끼고 있는 아름다운 도시다. 상해 인구가 2,500만, 소주 인구가 1,000만, 합해서 3,500만이다. 사실 상해와 소주는 같은 생활권이다. 서울과 인천 정도라고 하면 딱 맞을 것이다. 상해의 생활권에는 거의 5,000만이 살고 있다. 한국의 인구와 같은 규모의 메트로폴리탄이다. 소주는 상해보다 더 유서가 깊은 도시다. 춘추전국시대 오나라의 도읍이기도 하고 수 · 당 시대에도 운하의 개통으로 하늘에는 천당이 있다면 땅에는 소주와 항주가 있다(天上天堂 地下苏杭)이라는 말이 있을 정도로 일찍이 큰 도시였다.

소주의 운하터

한 · 중 수교 후 한국인들과 한국의 기업들은 두 방향으로 중국 진출을 했다. 하나는 청도, 위해 등 산동성 지역과 상해였다. 중국이 개혁개방 후 10여 년이 흐른 92년 한국은 대만과 단교한 최후

소주-호반의 도시

의 국가로 남으면서 중국과 전격 수교를 하게 된다. 이른바 8~90년대 3저 호황으로 한국경제는 일대 도약을 했고 중국과의 수교는 한국경제의 전환기에 새로운 도약의 발판이 되기에 충분했다. 한국과 대만과의 경쟁은 여기서 끝이 났다. 90년대는 부산을 중심으로 한 신발과 양말 등 사양산업이 산동성 청도, 위해에 대거 생산시설을 옮겨갔다. 이는 값싼 노동력이 주된 이윤의 동기였다. 이에 비해 상해지역은 수출과 수입 등 무역을 위해 진출한 한국인들이 압도적으로 많았다. 상해에 진출한 기업과 그 직원들은 가까운 소주에 자리를 잡고 상해에서 업무를 보는 경우가 많았다. 소주에는 한인 타운이 생기고 한국인 유학생과 그 가족들. 이주민들까지 수만 명이 모여 살기 시작했다.

지금은 많은 사람들이 빠져나갔지만 아직도 한인타운의 명맥을 유지하고 있다. 여기서 잠깐 한국 기업들의 중국 진출 30년의 소회를 한국 기업에서 20년 동안 근무했던 한 중국인의 이야기를 들어보았다.

"처음에 한국 기업에 근무했을 때는 중국은 생산시설이 턱없이 부족했어요. 이때 한국의 중소기업들이 많이 들어왔지요. 한국 기업들은 한국에서 쓰던 기계들을 들여와서 싼 임금으로 처음에는 잘 나갔어요. 그러나 새로운 제품을 만들지도 않고 시설을 늘리지도 않더라구요. 그렇게 몇 년이 지나고 나니 중국도 점점 임금이 올라가고 중국 기업들이 여기저기 생기면서 힘들어졌지요. 그래도 한국 기업인들은 환율이 좋으니까 자기들끼리 매일 골프 치고 노는데 열중이었어요. 그때 환율이 100~120위안 할 때였지요. 지금 170위안 하니까 그땐 한국 돈이 정말 셌지요. 2000년대에 들어서면서 하나둘 떠나던 한국 기업들이 베이징 올림픽 이후엔 거의 문을 닫았어요."

이것이 한 · 중 수교 후 초기 진출기업들의 모습이었다. 싼 임금과 고환율로 처음엔 좋았지만 한국산 신발이나 의류들이 세계적인 브랜드에 밀리게 되면서 중국에서 사라지게 된 것이다. 게다가 한국 기업인들이 안일하고 부도덕한 모습들을 많이 보였다고 덧붙이기도 했다.

심지어 일본 기업이 1960~70년대 부산 마산에 대거 들어왔을 때와 비슷한 느낌을 받았다.

그 후 한국 기업의 중국 진출은 기술과 자본 그리고 서비스 산업으로 변화되었지만 여전히 중국에서 한국 기업은 살아남기가 쉽지가 않다. 한국의 기술 수준이 중국보다 월등하거나 경쟁력이 있는 분야가 이젠 거의 없다시피 하기 때문이다.

쑤저우에서는 민박에 머물렀다. 상해나 소주 등의 한국인들이 많이 있는 도시에는 현지 한국인이나 조선족들이 운영하는 민박이 있다. 아파트에 손님을 받는 형태다. 비교적 저렴하고 오래 묵는 사람들이 많이 이용하였지만 이젠 민박업도 점점 사라지고 있다. 아파트 값은 비싸고 그에 비해 민박요금은 싸기 때문에 타산이 맞지 않는다는 얘기다. 그러면서 조선족 민박 주인 왈, "오죽하면 민박을 하겠어요?"

배낭 여행객이나 저렴한 숙박을 원하는 사람들이 마음 놓고 이용할 수 있는 외국인을 위한 숙박업소가 중국엔 사실 많지 않다. 중국은 외국인에겐 사실상 고가의 숙박을 강요하고 있는 셈이다.

7 중국인들은 공공장소에서 왜 시끄러운가?

내가 중국에서 여행하는 동안 처음 몇 달 가장 적응하지 못한 것 중에 하나가 바로 사람들이 버스 안이나 공공장소에서 소리 높여 통화하거나 대화하는 것이다. 한번은 두 시간 가량 버스를 탔는데 두 시간 내내 통화하는 사람이 앞자리에 앉았었다. 시골 버스를 타면 왁자지껄 난리도 아니다. 왜 그럴까? 하도 이해하기가 어려워서 만나는 사람마다 물어 보았다. 이런 질문에 다양한 사람들이 다양한 분석들을 내놓는다.

- 중국어 성조 때문에 목소리가 클 수밖에 없다.
- 남을 의식하지 않는 문화 때문이다.
- 이기적인 심성이다.
- 순수해서 그렇다.
- 저학력, 시골 사람일수록 그렇다.
- 개인 차이일 뿐이다.

한국 사람들은 대부분 중국인들이 '시끄럽고 더럽다'고 여긴다. 우리도 7~80년대 경춘선 기차를 타면 대학생들이 기차를 전세라도 낸 양 기타 치며 게임하며 왁자지껄 MT가던 기억이 있다. 지금도 시골의 버스를 타면 아는 이웃동네 사람이 타기라도 하면 큰 소리로 인사하고 내릴 때까지 반가움에 수다를 떤다. 한국도 공공장소에 떠들려면 남의 눈치를 살피는 것이 그리 오래되지는 않았지만 그렇더라도 중국 여행 중에서 적응하기 힘든 일 중의 하나임은 분명하다.

중국은 올 해(2019년) 1인당 GDP 10,000$을 달성했다. 2만 불 정도 되면 조용해질까? 대중교통만을 이용하다 보니 이런 문화적 차이가 때로는 여행을 유쾌하지 못하게 만들때가 많다. 아니면 내가 너무 남에게 신경 쓰는 걸까? 소주에서 꼭 들러보아야 할 곳을 한군데 꼽으라면 명나라 때 지어진 정원 주어정위앤(拙政园)이다.

소주의 주어정위앤 1,2

8 세 번의 결혼식

중국 사람들의 과시욕은 익히 들어 알고 있을 것이다. 그중 결혼식 모습은 신랑신부의 재력을 그대로 보여준다. 어느 정도 재력이 있으면 고급호텔에서 결혼식을 한다. 소주에서 우연히 한 고급호텔 결혼식을 보게 되었다.

화려하게 장식한 이벤트회사의 결혼식장이 한눈에 봐도 부잣집 결혼이구나 생각이 들었다. 식장 입구에서는 우리의 결혼식장처럼 책상도 놓고 결혼식 하객들로부터 축하금을 받고 있었다. 가까이 가서 보니 입이 벌어지지 않을 수 없었다. 모두 금색봉투에 100元짜리 한 묶

소주의 부유층 결혼식

음씩 내는 것이 아닌가. 10,000元이다. 거의 모든 사람들이 그렇게 내는 것이다. 1만 위안이면 우리 돈으로 1백 7십만 원이다. 이 큰 돈을 우리네 10만원 하듯이 많은 사람들이, 그것도 신권으로만 하는 걸 보면서 물어보았다. "왜 그렇게 많이 하냐고?" 그랬더니 자기네 친구들은 친구가 결혼하면 한 달 월급을 내기로 했단다. 친구뿐 아니라 하객들 모두가 그 정도 내는 것 같았다.

결혼식 비용은 얼마나 들까? 생각해보았다. 주말 최고급 호텔에서 하는 결혼식이라면 얼마나 들까? 우리 돈으로 1억 이상 든다고 한다. 우한에 사는 한 부자는 우한에는 마땅한 장소가 없어 상해에 가서 결혼식을 할 예정이라고 하는 이야기도 들었다. 이들은 서로 호화결혼을 보여주며 자신들의 부와 가문을 자랑하고 또 그와 비슷한 사람들의 교육의 장이 되는 것이다. 일반 서민들과는 애초에 비교 자체가 되지 못한다. 식이 끝나고 신랑신부는 최고급 리무진을 타고 신혼여행을 떠나는데 그 뒤로 20여 대쯤 되는 차들이 뒤따라가는데 모두 까만색 벤츠였다. 이것은 신랑신부의 퍼포먼스가 아니라 순전히 부모들의 퍼포먼스가 아닐 수 없다. 이정도만 되어도 흔히 볼 수 있는 결혼식이란다.

또 하나의 결혼식은 청뚜의 교회에서 보았다. 티벳 여행을 마치고 다시 청뚜로 돌아와 시안을 가기 위해 주말 이틀을 청뚜에서 보냈다. 나는 가는 곳마다 주말에는 그 도시의 교회를 찾는다. 청뚜의 시내중심가에 상선당이라는 성공회 계열의 교회가 있다. 신도가 주일 낮 예배에는 2천여 명 정도 예배드리는 대형 교회다. 청뚜에 갈 때마다 주말이면 가는 교회다. 결혼식은 토요일 교회에 갔더니 토요 청년예배가 끝나고 곧바로 결혼식이 있다는 것이다. 중국 교회에서의 결혼식은 어떤 모습일까? 청년부 예배가 끝나자 곧바로 소박한 꽃장식이 준비된다. 작은 아치형 꽃장식을 통과하면 양쪽에 꽃들을 세우고 교회

중국 교회의 결혼식

강단 앞에는 대형스크린에 신랑 신부의 결혼식을 비추고 있다. 시간이 되어가자 양가 부모인 듯한 분들이 양쪽으로 나뉘어 앉고 그 뒤로 주로 청년들과 친지들인 듯한 사람들이 200여명 앉았다. 신랑, 신부가 입장하고 교회 목사님이 주례를 맡아 진행하는데 우리나라 교회에서의 결혼식과 아주 흡사했다. 눈에 띄는 건 신랑 신부 이외에는 양가 부모님들도 평상복, 하객들도 특별히 꾸미고 온 사람이 없었다. 주례 목사님 설교 말씀이 창세기 2:18이었다. "여호와 하나님이 이르시되 사람이 혼자 사는 것이 좋지 아니하니 내가 그를 위하여 돕는 배필을 지으리라 하시니라."

중국에서 기독교식 결혼식을 보다니. 중국이지만 기독교 문화에 익숙한 나로서는 말만 다르지 너무나 자연스러운 혼례였다. 검소하고 온 교회 공동체가 한마음으로 축복하는 혼례라는 느낌이었다. 결혼식이 끝나고 신랑신부는 준비된 차로 신혼여행을 떠나

토가족 결혼식의 가마꾼

토가족 결혼식의 신부 친구들

고 모든 하객들은 식사도 없이 모두 자신들 갈 곳으로 갔다. 이 혼례식엔 축하금을 받는 접수대 또한 없었다. 그저 신랑 신부 예복과 꽃값이 전부였을 것 같은 소박한 결혼식이었다.

소주의 부잣집 결혼식과 청뚜의 기독교식 결혼식에서 나는 아름다운 혼례란 어떤 것일까? 생각해 보았다. 인간의 결혼 예식이 언제부터 시작되었는지 아는 사람은 없다. 거슬러 올라가면 여러 기록이 있지만 특정할 순 없다. 결혼 예식이 생긴 것은 어쩌면 제사의식보다는 뒤늦게 시작되지 않았을까? 짐작해 본다. 물론 짝짓기가 제사보단 먼저였지만 짝짓기가 예식의 형태를 띠기 위해서는 씨족 사회가 만들어지고 난 이후일 테니까. 어느 의식이 앞이든 뒤든 관혼상제는 인간에게 있어 특별한 인간만의 의식임은 두말할 나위가 없다.

또 하나의 결혼식은 삼협댐이 있는 이창(宜昌)의 장강에 있는 삼협인가(三峡人家)라는 곳에 가서 본 소수 민족인 토가족(土家族)의 혼례식이었다. 우리의 전통 혼례식과 흡사했다. 혼례는 신부의 집 마당에서 온 마을 사람들이 모여 함께 참여한다. 먼저 나팔수와 각종 타악기가 등장해 한바탕 마당놀이를 하고 나면 집례자(사회자)인듯한 사람의 호명에 따라 다양한 노래와 춤이 이어진다. 이윽고 신부가 가마를 타고 등장하고 신부의 부모는 이를 바라보며 눈물 짓는다. 어쩜 이 대목이 동양적 정서인지 모른다. 토가족의 혼례식은 거대한 퍼포먼스이다. 온 동네 사람들이 함께 참여하는 지극히 동양적 혼례식, 이 또

한 우리의 정서와 익숙한 것이었다.

시간적으로 가장 오래된 전통혼례식에서부터 오늘의 두 결혼식까지 직접 보면서 오늘날의 결혼이란 어떤 의미가 있는지 많은 생각을 하게 해주었다. 이 시대의 결혼, 일부일처제, 가부장제가 흔들리고 있는 이 시대 과연 지금의 결혼제도는 최선인가? 인류는 어떤 결혼제도를 만들어 나갈까?

남경(南京)이 중국이다 9

중국의 지명에서 '京'자가 붙은 지명은 북경과 남경뿐이다. 오늘 세계 제2위의 대국, 조만간 1위를 예약한 중국은 20세기 제국주의 그것도 항일투쟁과 떼려야 뗄 수 없는 아픈 역사가 있다.

난진 대학살 기념관

청나라 말기, 그리고 난징을 수도로 했던 民国시절 서양의 제국주의와 봉건 군벌들로 인해 만신창이가 된 중국대륙에 일본 제국주의는 신음하는 중국인들에게 치명타를 가했다. 어떻게 섬나라 일본이 저 큰 대륙을 난도질을 하고 다녀도 속수무책으로 당해야만 했을까? 바로 난징이 그 기록이요, 증거요, 오늘날 중국의 탄생을 웅변하고 있다. 지금 중국의 수도는 베이징이지만 그 역사적 뿌리는 난징에 있다고 해도 과언이 아니다. 그래서 난징은 수도가 아님에도 불구하고 현재도 베이징 외에 '京'자를 쓰는 유일한 도시일 것이다.

오늘도 난징대도살(학살이란 표현은 쓰지 않는다) 기념관엔 전국에서 오는 중국인들로 붐빈다. 지금도 중국 TV를 켜면 어김없이 각 성의 방송국별로 항일드라마 한편은 방영한다. 30여 개 채널이 매일 항일 드라마를 방영한다. 우리는 광복절에도 항일 드라마가 없을 때가 많다. 중국 공산당은 바로 항일 혁명을 통해 역사상 최대의 통일국가를 건국했다. 건국정신은 곧 항일혁명정신이다. 중국 공산당만이 항일혁명을 이끌었고 건국했다는 자부심과 그 사실을 지금의 세대들에게도 끊임없이 학습하게 한다. 범접할 수 없는 공산당의 권위이기도 하다. 우리의 TV에서 매일 한편의 항일 드라마가 나온다고 생각해보자. 여기서부터 마음이 복잡해진다. 그럴만한 소재가 있을까? 한일관계를 위해 반대하는 사람들이나 집단이 있지 않을까? 우리는 항일혁명을 통해 건국을 했는가? 뭔가 석연치 않다. 건국일이 1919년이라는 세력과 1948년이라는 세력들이 양분되어 있는 우리의 현실을 보면서 게다가 남과 북이 나뉘어 있는 현실을 보면서 난징은 '亂癥'처럼 내 마음을 어지럽게 했다. 아직도 일제청산을 말하는 나라, 일부 정치세력은 노골적으로 친일을 말하는 나라, 난징에서 본 한국의 민낯이다.

똑같이 일제에 의해 초토화되었던 중국과 조선, 중국은 통일국가를 이루고 완전한 일제청산을 한 반면, 조선은 두 개의 나라로 나뉘고 서로 적대하며 아직도 식민의 굴레를 벗지 못하고 있다.

중국의 지식인들이나 공산당원들은 사실 남북 모두를 우습게 여기고 한심하다고 본다. 사드 이후에는 더욱 노골적이다. 북한에 대하여

난징 대학살 기념관에 남긴 필자의 글 | 난징 대학살 희생자를 나타내는 숫자 | 난징기념관의 경구

난징대학

는 우리처럼 개혁 개방하면 될 텐데 왜 세습과 폐쇄로 저러는지 모르겠다고 하면서도 자신들의 국경을 지켜주는 전략적 혈맹으로 여긴다. 한국에 대해서는 국방과 외교에 자주권이 없지만 경제적으로는 잘 사는 나라 이상도 이하도 아니라고 본다.

얼마나 자랑스러운 역사를 가지느냐가 중요한 게 아니라, 난징 대도살을 기억하고 다시는 그런 일을 당하지 않겠다는 기념 그 記念이 중요한 것이다. 과연 우리는 그러고 있는지, 난징에서의 생각이다. 줄곧 이런 생각을 하며 장강을 거슬러 올라간다. 마안산(马鞍山)－허페이(合肥)－안칭(安庆)－펑쩌(彭泽)－지우쟝(九江). 강은 화중지방을 향하여 힘찬 혈맥을 뻗고 있다.

身居農舍, 情系百姓 –마안산, 李白이 노닐다

마안산(马鞍山)은 난징에서 한 시간 정도 장강을 따라 올라가면 닿을만한 거리에 있는 안휘성의 작은 도시다. 지명의 글자를 보면 말안장처럼 생긴 산이 있어서 붙여졌다지만 마안산은 장강을 끼고 아름다운 정취를 느낄 수 있는 그런 도시다. 마안산은 당나라 시인 이백이 머물러 있던 곳으로 곳곳에 李白을 기념하는 사당과 시비, 기념관 등이 있다.

이백이 안휘성의 동릉(铜陵)에 도착하여 어느 농가에 유숙하길 청했는데 가난한 농가의 궁벽한 살림살이를 보면서 농민들의 모습을 그린 시가 있다. 이 시를 쓴 李白의 마음이 바로 몸은 농가에 거하나 마음은 백성에 이어져 있다고 후세 사람들이 이백의 애민 정신을 기린 것이다. 다분히 중국다운 발상이다.

중국 공산당의 최고 가치는 '위민복무(为民服务)'다. 자유로운 영혼 이태백에게서도 为民을 찾고 싶은 게 중국 공산당의 온고지신 아닐까 싶다. 물론 李白의 가슴에는 더 큰 爱民이 있었겠지만 말이다. 중국 역사에서 당나라는 아주 중요한 위치를 차지한다. 이전까지는 어쩌면 전쟁의 역사가 주를 이루었다. 춘추전국, 진, 한으로 이어지는 역사는 그 자체로 전쟁의 역사였다. 그러나 당

이백의 시

身居农舍 情系百姓

上元二年（761年），李白来到安徽铜陵，投宿于五松山下一农户家。老妇人把家中仅有的余粮拿出来煮成雕胡饭，用以款待李白。李白对勤劳善良的农妇充满着真挚的感激之情，并深感惭愧。此时，他满怀深情的写下：我宿五松山，寂寥无所欢。田家秋作苦，邻女夜舂寒。跪进雕胡饭，月光明素盘。令人惭漂母，三谢不能餐。

나라는 이전 시대와는 확연히 달랐다. 정치, 경제, 문화, 모든 면에서 중국 역사는 당 이전과 이후로 나뉜다 해도 지나치지 않다.

이백과 두보로 대표되는 문학을 보아도 이전과는 확연히 다르다. 그들 작품에 나타나는 당시 사람들의 사유능력과 관심대상을 보면 족히 알 수 있다. 그런 당나라의 도읍은 장안(지금의 서안)이었다. 서안은 중원의 황토대에 속한 황하 문화권이다. 그럼에도 이백과 두보는 장강가에서 노닐었다. 왜 그랬을까? 황하는 권력의 강이었다. 중원을 누가 차지하느냐? 한나라 이전에는 삼국의 쟁투가 장강가에서 이루어진 반면 당나라 이후에는 중원 즉 황하를 차지하는 자가 중국의 천하를 얻는 것이 되었다. 그런 이유로 탁한 황하는 이백과 두보에게는 맞지 않았을 것이다.

위민 복무-중국 석가장 시 정부 청사와 마주 서 있는 모택동 동상

황하는 내가 걸어보아도 장강만큼 절경이 없다. 일단 맑고 푸른 물이 어디에도 없다. 장강은 다르다. 가는 곳마다 넘실대는 푸른 물이, 기암괴석이 절경을 만들어 놓았다. 이백의 시에 즐겨 나오는 풍광들이 마안산 장강가에 있었다.

사람은 언제 글을 쓰는가? 언제 시를 쓰는가? 이 세상에 글을 위한 글은 없다고 본다. 무언가 그리운 마음에, 답답한 마음에, 간절한 마음에 남들은 당장 이해하지 못하지만 인간의 깊은 마음을 현실에서 이루지 못하는 꿈을 쓰는 것이 아닐까? 그것이 시가 되었든 편지가 되었

명월대 마안산의 장강

든 바위에 새긴 비문이 되었든 인류는 그렇게 시를, 문장을 남겨 놓으며 살아왔다.

황하의 흙탕물 같은 권력의 세계를 이백이 두보가 과연 견딜 수 있었을까? 황하를 떠나도 장강이라는 푸르고 더 큰 강이 있는데...

이런 연유로 이백은 마안산에서 달을 노래하고 두보는 장강이 만든 동정호에서 호수에 비친 달을 노래하지 않았을까? 상상하면서 안휘성의 성도인 허페이(合肥)에 잠깐 들러간다. 허페이는 안휘성의 성도다. 허페이는 장강과는 한 시간여 거리에 있다. '차오후(巢湖)'라는 꽤 큰 호수가 허페이를 품어 만들었다. 차오후는 새의 둥지처럼 생긴 호수라는 뜻이다. 장강의 안휘성 구간은 펑쩌(彭泽)에서 마안산(马鞍山)이다. 안휘성에는 남으로는 장강, 북으로는 淮水가 흐른다. 중국대륙의 거의 모든 물은 장강과 황하로 흘러들어 바다로 간다. 그 중 장강과 황하로 가지 않는 물이 있다. 바로 회수다. 중국을 남북으로 나누는 회수, 그 회수와 장강의 중간지점에 바로 허페이가 있다.

허페이에서 잠시 쉬어 가는데 마침 제2차 북미회담이 열리는 기간이었다. 트럼프의 카운터 파트너인 김정은 위원장의 동선이 단연 화제다. 평양에서 베트남 하노이까지 열차로 이동하는 참 독특한 동선이다. 참 많은 생각을 하게하는 동선이다. 어쩌면 이 동선이 갖는 의미 하나만으로도 미중, 남북, 북중, 한중 관계가 다 보일 수 있다. 선대 김일성 주석이 갔던 동선이기에 이를 따라간다고도 한다. 그렇지만 왜 기차로 그 먼 거리를 그 오랜 시간 타고 갔다 타고 와야 하는가? 이백처럼 몸은 농가에 있지만 마음은 백성에게 가 있다고 나의 몸은 중국에 있지만 온통 마음은 한반도에 가있다. 왜 기차여야 할까? 제일 첫 번째 고려 사항이 안전일 것이다. 하늘을 나는 비행기, 자국의 영공도 아니고 타국의 하늘과 공해상의 하늘을 날아간다? 그 하늘을 누군가가 독수리의 눈으로 지켜보고 있는데?

싱가포르 1차 회담에도 Air China 보잉 747을 타고 창이 공항으로 갔다.

중국의 기차모습

중국! 미국의 최후의 카운터 파트너. 중국이 최고의 안전판일 수 밖에 없는 현실을 김정은 위원장의 동선이 확실히 보여준다. 국가 정상이 아니더라도 여행의 제일 고려 사항은 안전이 아니던가? 이것이 북중 관계의 처음이요 그 나중이다.

황하를 건너고 장강을 건너 하노이로 가는 기차 안에서 김정은 위원장은 무슨 생각을 했을까? 미국과 대화를 하러 가면서도 두려워하는 마음을 감출 수 없는 아이러니를 그 기차는 말해주고 있다.

잠시 들렀던 허페이를 나와 다시 장강으로 돌아왔다. 안휘성에 왔는데 성도를 안 볼 수 없어 들러 북미회담과 한반도 그리고 미중관계로 꼬박 몰두했던 것 같다. 다시 돌아온 장강은 안휘성 최대의 공업도시, 물류도시 안칭(安庆)이다. 안휘성이 처음 생기던 청나라 때에는 성도가 이 안칭이었다. 안휘성의 안(安)도 안칭에서 따왔다. 그만큼 안칭은 장강을 끼고 난징과 우한의 중간에 있는 사통팔달의 교통의 요지인 것이다.

안휘성 안칭역

장강 1만리 제1 탑(塔)인 진풍탑(振风塔)이 보이는 안칭에서

하루 종일 강변을 걸었다. 안칭은 장강이 만들어 놓은, 장강에 기대어 사는 사람들을 강과 함께 잘 느낄 수 있는 도시다.

얼마 전 남편과 사별한 여인네들의 진혼제를 보았다. 낚시대를 드리운 태공들도 연신 강물을 바라보며 대어의 꿈을 놓지 않는다. 장강 위에는 수천 톤급의 화물선들이 꼬리를 물로 오르내린다. 안칭에서 강건너 大渡口로 사람과 화물을 실어 나르는 바지선이 있는 선착장이 있다. 거기서 장강을 건너보았다. 장강을 거슬러 올라오면서 처음으로 강을 배로 건널 수 있는 곳이다. 반대쪽 강, 大渡口라는 진(镇)이다. 거기는 전통적인 농업지역이다. 그 배를 이용하는 사람들은 대부분 농민들이다. 자신들이 생산한 각종 농산물을 강 건너 안칭이라는 대도시로 내다 파는 것이다. 일인당 배 삯은 3元, 작은 차는 10元, 배 안은 온통 사람과 오토바이, 차들로 북새통이다. 대형차를 실어나

진풍탑

장강가에서 망부제를 지내는 여인

장강에서 필자와 눈싸움 하는 아이

평쩌에서 지우장행 버스

안칭의 장강 도선

르는 배도 따로 있다. 이렇게 장강은 바쁘게 살아 움직인다. 장강에 있는 화물 물동량이 우리나라 전체 해운 물동량보다 훨씬 많다. 500 m에 한 대씩 줄지어 다니는 장강의 해운물류, 왜 장강이 중국 경제의 40%를 담당하고 있는 지 한눈에 알 수 있는 광경이다.

안칭에서는 허름한 25인용 시외버스를 타고 펑쩌로 올라간다. 펑쩌(彭泽)는 안칭(安庆)과 화중의 물류도시 지우장(九江) 사이에 있는 현이다. 여기서 1박을 하면서 거슬러 올라갈 장강을 그려본다. 이제 강서성을 거쳐 호북성으로 가는 길이다.

九江의 자랑 그리고 부러움

장강은 강서성의 북단을 흘러 안휘성으로 간다. 장강의 강서성 최고의 물류 중심은 九江이다. 남으로는 중국 최대 호수인 번양호가 있고 주변에 수많은 호수가 있는 九江. 이제 장강의 진면목을 보는구나 하는 느낌이 도착해서부터 떠나는 날까지 인상깊었다. 九江은 남으로 강서성의 성도인 남창, 동쪽으로 우한, 서쪽으로 난징으로 이어지는 교통의 요지요 수운의 중심이다. 중국 최대 석유회사 중국석유의 정유공장과 유류저장고에서 유조선들과 대형 유조차들이 쉴 새 없이 드나든다. 九江은 과거와 현재, 전통과 최신 문물이 뒤섞여 있어 정말 시내 곳곳이 볼거리가 많다.

중국에 적응하면서 강행군을 한 탓에 지우장에 와서 혹독한 몸살을 앓았다. 감기는 태풍이다. 일 년에 한두 번 연례행사로 심하게 앓고 나면 내 몸은 다시 맑아지고 몸 안이 재 정돈되는 느낌이 든다. 그동안 쌓였던 몸 안의 나쁜 기운을 땀, 가래, 기침, 온갖 방법으로 몸 밖으로 내보내고 난 후의 몸은 기운만 약간 없을 뿐 상쾌함을 얻는다. 몸이 스스로를 유지하는 중요한 방법 중에 하나다. 우리 인생도 이처럼 가끔은 혹독한 몸살이 있지 아니한가? 감기와 싸우면서도 열심히 九江의 이곳 저곳 장강을 더듬어 올라간다.

나의 양 강 여행은 애초부터 관광이 아니었다. 사실 중국의 아무리 오지라도 포털사이트에 들어가면 현미경으로 본 것처럼 구석구석 후기를 올려놓은 블로그가 수천수만이다. 중국 그 넓은 땅에 볼거리, 먹거리가 얼마나 많은가? 신계에 가까운 경치, 상상을 초월하는 음식들, 수천 년 동안 이어온 역사적 유물, 유적들 아마 평생을 보아도 다 볼

지우장 장강대교

수 없다는 말이 맞을 것이다. 양강을 거슬러 올라가 내려오면서 나는 중국을 배우고 싶었다, 알고 싶었다.

우리나라 사람들은 수 천년을 중국을 등에 업고 일본을 왜놈이라 깔보다가 그 왜구에게 혹독하게 당했던 기억이 생생하다. 지금은 미·일을 등에 업고 중국을 우습게만 여기거나 싫어한다. 그저 경치구경이나 하는 정도, 중국인들의 습성이나 비하하는 정도가 중국에 대한 이해의 전부다.

나는 九江에서 두 가지 역사적 사건에 눈이 머물렀다. 하나는 1998년 대홍수였다. 역사상 최대의 홍수였다고 기록되는 그 홍수를 이겨낸 것을 기리기 위한 '지우장항홍기념관(九江抗洪纪念馆)'엘 갔다. 명칭도 '抗洪'이다. 抗日로 익숙한 抗을 홍수를 이겨낸 데도 쓰는 어법이 신기했다. 1998년 여름 九江 일대에 최대 500~800 mm의 비가 두달 간에 걸쳐 쏟아졌다. 九江의 경계수위는 19 m, 홍수위는 20 m

지우장 방홍 기념탑

의 제방이었는데 8차례나 22 m를 넘었다. 제방이 무너지고 시내는 물에 잠겼다. 일설에는 3,000여명이 실종되었다는 말이 있다. 이 사건을 온 시민이 단결하여 잘 이겨내고 지금은 더 든든한 제방을 쌓아 防洪에 힘을 쓰고 있다는 것을 기념하는 기념관이다. 기념관 내부에는 당시의 상황을 볼 수 있는 사진과 기록들이 잘 전시되어있고 옥상에는 장강의 제방을 볼 수 있도록 전망관도 있었다. 장강과 황하의 홍수와 범람은 중국을 치수의 대국으로 만든 당연한 이유일 것이다. 수량은 유역면적에 비례하는 데 그 넓은 중국 대륙의 빗물을 두 강이 받아들인다고 생각해보라. 수 만 년 흐른 장강은 강줄기를 따라 혹부리처럼 크고 작은 호수를 가지고 있다. 이 호수들이 바로 수위를 조절하는 기능을 한다. 황하는 호수가 없는 대신 넓은 강폭을 가지고 있다. 내몽고의 황하는 강폭이 4 km가 넘는 곳이 많다. 평상시에는 작은 강인데 홍수가 나면 4 km가 넘는 강폭으로 누런 황토물이 넘실거린다. 양 강의 전형적 차이다.

九江은 그야말로 9개의 강이 모인 곳이다. 주변이 모두 호수로 남쪽엔 중국 최대의 호수 번양호가 있다. 장강가의 사람들은 치수가 곧 삶의 기본이다. 1998년 대홍수는 九江뿐 아니라 中國의 귀감이 되기에 충분했다. 이런 抗洪탑은 흑룡강 하얼빈에 가면 또 있다. 1957년 당시 송화강의 범람으로 수 천명이 죽은 엄청난 피해를 입은 하얼빈의 기념탑이다.

하얼빈의 방홍 기념탑

돌아오는 길에 택시기사에게 물었다. 그 당시에 몇 사람이나 죽었는지. 그 기사 왈, '사람은 죽지 않았다'고 태연히 말한다. 이게 중국 사람들이다. 나는 웃고 말았다.

두 번째 나의 눈길을 끈 것은 시내 호숫가에 있는 연수정(烟水亭이었다. 얼핏 보기에는 어디서나 흔히 볼 수 있는 정자인데 한나라 때부터 수군의 훈련장이었고 항일투쟁의 요충지였다고 한다. 이곳에 가면 작은 사진 하나가 걸려있다. 우리에게는 없는 사진이다. 부러운 사진이다. 사진의 제목은 '九江受降-지우장에서 항복을 받다.'

九江인민들의 영웅적 항일투쟁은 위대한 승리로 끝났다. 1945년 9월 5일 역사적인 일본군의 투항의식을 거행하는데 일본군 제11군 사령관 카사하라 유키오(笠原幸雄)가 항복문서를 전달하는 의식이다. 그것도 무릎을 꿇고. 이 사진을 보면서 나는 절로 깊은 한숨이 나왔다. 이것이 오늘날 중국의 힘의 원천이다. 무엇이 더 필요한가?

1945. 8. 15 우리는 태극기를 들고 거리로 몰려나온 군중들 뒤로 적산을 챙기기에 바빴던 친일파와 도망가기에 바빴던 일본군과 이들을 안전하게 보내기에 급급했던 아름다운(?) 민족성을 어찌 보아야 할까?

중국군도 패도하는 일본군을 죽이지는 않았다고 한다. 왜 우리는 항복을 받지 못했을까? 맥아더가 대신 받았기 때문에? 九江의 회한을 뒤로하고 발길을 호북성 황펑시 우쉬에시(黄冈市 武穴市로 향한다.

九江受降

九江人民经过 7 年多的英勇奋战，终于取得了抗日战争的伟大胜利。1945 年 9 月 5 日，九江举行接受日军投降仪式，图为日军第十一军司令官笠原幸雄向中国受降主官递交投降书。

일본군이 항복문서를 전하는 장면

12 鄂州의 장강 -호북성을 걷다

상해-강소-안휘-강서-호북성 다섯 번째 성으로 올라왔다. 그 첫 관문이 황평시 우쉬에시(黄冈市 武穴市)다. 중국 행정구역의 '市'는 두 가지가 있다. 하나는 地级市, 즉 성 다음의 행정단위다. 그 다음 현급시(县级市)가 있는데 우쉬에시(武穴市)가 바로 현급시다. 호북성 황평시 우쉬에시로 쓰는 것이다. 시가 두 번 반복되는데 두 번째 시가 현급시이다.

우쉬에에서 장강의 호북성 구간을 시작한다. 우쉬에시는 장강가의 市들 중에 적벽과 더불어 가장 작은 규모의 시다. 60만 정도 인구의 현급시인 것이다. 우리는 6~7만의 시도 있지만 중국에서는 6~7만은 작은 현이다. 가장 작은 현급시임에도 불구하고 눈에 띄는 것은 박물관이었다. 호북성의 옛 지명은 어저우(鄂州)인데 그 鄂州의 동관(东关)이 바로 武穴이다. 이 작은 도시에 저렇게 큰 박물관이라니. 들어가 보면 선사시대부터 각종 유물들이 잘 진열되어 있다. 국가 3급 박물관이란다. 늦게 도착하여 무혈에서 하루를 유숙하는데 호텔 직원들이 유난히 친절하다.

다음날 길을 떠나려고 공공처잔, 즉 버스정류장을 물으니 지배인인 듯한 중년의 깔끔한 신사가 잠시만 기다리라면서 어디론가 전화를 한다. 얼마를 기다려도 소식이 없자 지배인이 다시 미안하다면서 호텔 차가 늦게 오니 자기가 직접 자기 차로 데려다 준단다. 사양해도 벌써 차를 가지러 가버린다. 장강과 황하를 다니면서 1백여 개가 넘는 도시에서 잠을 잤고 거의 매번 다른 숙소에서 잤다. 무혈시는 지금도 이 친절했던 지배인으로 잊혀지지가 않는다. 이방인에 대한 친절함 그것이 곧 자신이 속한 땅에 대한 사랑 아닐까 싶다.

중국의 차량 번호판은 차량 소유자의 거주지 省을 나타내는 글자가 맨 앞에 써있다. 번호판에 京은 베이징 차다. 川은 사천성, 新은 신장. 그러나 현재의 지명과 달리 과거의 그 지역의 나라 명을 쓰는 성도 있다. 산동성은 魯, 山西는 晋, 호남성은 湘 등 호북성은 鄂자다. 옛 우한지역의 옛 지명이 악주(鄂州)였다. 鄂州의 동관인 무혈에서 현재의 지명도 鄂州인 이 도시를 거슬러 올라가면 호북성의 성도 우한(武汉)이 나온다.

무혈에서 장강을 따라 올라가다 보면 黃石이라는 地級시가 나온다. 중국이든 한국이든 아니면 서양도 마찬가지로 그 지명에는 나름대로 그 지역의 특색을 나타내는 경우가 많다. 황석도 마찬가지로 그 이름에 걸맞게 광산도시다. 인근에 동양 최대의 노천 채굴 광산인 大冶철광이 있다. 3000년 전에도 청동 제련으로 유명했던 기록이 있는 곳이다. 그래서 별명이 청동지도(青铜之都)다. 중국에서 철광하면 곧 이 대야(大冶)철광이다. 그래서 호북성 직할 현급시다. 흔치않은 그야말로 철광 때문에 급격히 성장한 도시다. '大冶'가 조선시대에는 20명 이상의 장인을 거느린 대장간을 의미하는 단어인걸로 봐서 大冶의 冶가 이제 冶金을 뜻하는 지명으로 사용된 이유였을 것이라는 상상을 해본다.

황석에 도착해서 곧바로 대야 광산엘 갔다. 그 규모에 놀라지 않을 수 없다. 광산으로 가는 길에는 이제는 곳곳에 문을 닫은 철강 공장들이 빛바랜 모습으로 남아있고 아직도 그 규모는 엄청나다.

노천 채굴광의 면적이 118만 m^2, 갱의 바닥면적이 8150 m^2, 수직 깊이가 444 m의 규모다. 철광석 1.3억 톤을 채굴했다.

지금은 그 생산이 줄어들어 명맥만 유지하는데 광산 전체가 국가 광산공원이며 박물관이다. 내가 갔던 날도 유치원생들이 현장학습으

대야 철광 앞에서

로 와서 즐겁게 떠들며 다녀가는 것을 보았다. 모택동의 동상이 노천 채굴장 정면에 우뚝 서 있다. 모택동 주석이 왔다 간 곳은 모두 유명하다. 유명한 곳만 가는지 모주석이 가면 유명해지는지 둘 다 맞는 이야기겠지만 모택동은 유명한 곳마다 지금도 살아있다.

진시황의 중국통일 이후 중국의 분열과 혼란을 극복하고 통일 제국을 세운 각 왕조의 태조들의 계보를 잇는 모택동, 어쩌면 역사상 가장 넓은 땅을 가장 확실하게 지배하는 제국의 개국자였다. 지금 그가 개국한 중화인민공화국이 70년째 중국의 역사를 써가고 있다. 중국 역사상 세계사에 가장 영향력 있는 시대를 열었다고 해도 과언이 아니다.

그 나라를 알려면 박물관엘 가라, 그 지역을 알려면 역시 박물관엘 가라.

호북성의 약자가 왜 악(鄂)인가? 장강을 따라 올라가다 보면 우한의 동쪽에 鄂州시가 있다. 원래 이 지역을 이르는 가장 오래된 지명이다. 삼국시대 오나라 손권이 황제라 칭하며 다스렸던 곳. 가는 곳마다 손권의 이야기가 전해져 내려오는 鄂州. 鄂州는 고도 답게 박물관이 다른 곳과 다르다. 인구 100여만의 소도시인데 박물관은 省级, 아니 우리의 중앙박물관 같은 규모와 내용이다. 가는 곳마다 박물관이 있고 그 박물관을 거의 다 가보았지만 100만 도시에 이런 박물관이 있다는 것이 놀랍다. 특히 선사시대부터 고대 유물들을 잘 전시해 놓은 것이 이채롭다.

장강가의 손권 동상

어저우 박물관의 돌로 만든 신발

鄂州는 만리장강 제일관으로 불릴 만큼 빈강로(滨江路)를 따라 볼거리도 많고 공원으로 잘 꾸며져 있다. 황하를 연하여 만든 도시들은 모두 빈강로(滨江路), 연강로(沿江路), 장강로(长江路), 임강로(临江路) 등 강변의 거리가 중심가 역할을 한다. 鄂州의 장강은 오랜만에 나그네의 몸과 마음을 편안하게 해주는

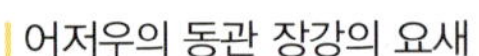

어저우의 동관 장강의 요새

만리 장강 제일관

여정이었다. 장강의 상류와 하류를 나누는 중간 지점이 우한이다. 내 여정도 이제 중국과 장강에 익숙해진 듯하다. 나그네는 아침 해가 떠오를 때 마음이 가벼워지고 해가 질 때 근심이 쌓인다. 그렇지만 처음보다 그 근심이 사뭇 덜하다. 지나온 여정을 되새기고 떠올려 보며 발걸음을 우한(武汉)으로 재촉한다.

华中의 中心 武漢 13

미국은 중국을 이길 수 없고 중국은 미국처럼 세계를 지배할 수 없을 것이다.

중국 내 한국 총영사관이 있는 도시는 상해, 광저우, 우한, 심양, 청뚜, 서안이다. 중국 대륙의 각 지역 중심이라고 보면 된다. 그중 우한은 화중 지방의 중심도시요 교육도시다. 우한은 우창(武昌)과 한커우(汉口)가 합쳐져 武汉이 되었다. 지금도 우창역과 한커우역이 그대로 있다. 우한은 1000만 인구 중에 100만이 대학생이다. 남창(南昌), 충칭(重庆), 장사(长沙)와 더불어 4大 화로인 우한. 우한은 이제 나머지 장강을 거슬러 올라가기 위한 새로운 출발지다. 지금까지의 장강은 편안한 지형을 거슬러 올라왔다. 우한을 출발하면 티벳까지 그야말로 험준산령이 기다리고 있다.

이번 여행을 위해 처음 중국에 도착한 곳은 우한이었다. 중국 내에서 외국인이 혼자 오랜 기간을 여행한다는 것은 쉽지 않은 일이다. 마침 우한에 지인이 있어 중국 내 여행에 필요한 제반 도움을 받고자 우한을 통해 중국으로 들어간 것이다.

우한 공항에 도착하면 처음 눈에 들어오는 것이 참 독특하게 생긴 관제탑이다. 타조다! 비행

우한 공항의 관제탑

기 차창 밖으로 보이는 관제탑을 보는 순간 내 입에서 튀어나온 일성이다. 중국 사람들은 중국 지도의 형상이 닭이라고 생각한다. 신장 티벳이 닭의 꽁무니고 동북쪽이 머리라고 한다. 하이난섬과 타이완섬은 그 닭이 낳은 알이고 한반도는 자신들의 부리라고 말한다. 일본을 쪼아 먹으려 노려보고 있는 닭이라 생각하는 말을 우스갯소리 잘하는 중국인 친구에게 들었다. 우리는 한반도를 꼬리 달린 한 마리 토끼라고 했다가 언제부턴가 포효하는 호랑이로 형상화해서 이젠 한반도는 호랑이라고 생각하는 게 일반적이다. 그런데 그 호랑이가 닭의 부리라고?! 함께 껄껄 웃고 말았다.

처음 중국여행을 떠나면서 나는 사막에 가는 바울의 심정이었다고 말한 바 있다. 타조를 보는 순간 "맞다! 사막에 있는 타조다!"

세계 경제 2위 인구 15억의 대국. 머지않아 모든 통계에서 세계 1위를 석권할 중국, 이미 그 영향력은 군사분야만 제외하고는 미국과 어깨를 나란히 한다. 미국이 전세계에서 군사적 영향력을 가진 것에 비하면 아직은 우세적이지만 중국은 첨단무기와 우주개발에도 비약적 성과를 내면서 G2에서 G1으로 도약하기 위한 중국몽(中国梦)을 오늘도 일대일로(一带一路)의 침상 위에서 꿈꾸고 있다.

미국 정부의 문양은 독수리다. 하늘의 제왕 독수리, 미국은 세계를 제패한 독수리가 되었다. 이제 그 독수리는 깃이 빠지고 부리도 헐었지만 흔쾌하지는 않아도 아직도 세계는 그 독수리의 세상이다.

중국은 과연 Post America의 자리를 차지할 수 있을까? 세계는 로마제국, 대영제국, 미제국을 이어가는 또 하나의 제국이 필요할까? 그 제국의 자리를 중국이 차지 할 수 있을까? 이런 질문에 즉 Pax China에 쉽게 동의할 사람은 없을 것이다. 타조는 새 중에 가장 크지만 날 수 없는 새다. 신종 코로나 바이러스에도 휘청거리는 중국, 바로 우한이 그 불명예의 도시가 되었지만 우한은 그 바람에 세계에 명성(?)을

재래시장의 정육점

재래시장의 식용토끼 판매점

널리 알렸다. 중국이 코로나 19 바이러스에 대처하는 것만으로도 아직은 날지 못하는 타조임을 보여 주기에 충분하다. 세계에서 유례없는 경제 성장을 하였지만 예상하지 못하는 혼란 요인이 수 없이 잠재하고 있는 카오스의 대륙이기도 하다.

우한은 장강을 사이에 두고 우창과 한커우와 장강의 최대 지류인 漢江이 만나는 곳이다. 중국 공산당 5차 당대회 개최지와 모택동의 구거로 유명하고 예로부터 군사적 문화적 요충지다. 지금도 군사적 요충으로 2019년 세계 군인체육대회가 열리기도 했다.

우한은 모택동이 장강을 헤엄쳐 건넜던 곳으로도 알려져 장강에는 많은 사람들이 설왕설래하는 곳이기도 하다. 1966년 7월 16일 모택동은 73세의 나이에 장강을 헤엄쳐 1시간 5분 만에 건넜다. 이날을 기념하여 전국 유영(수영)일로 정하고 매년 도강 행사가 열린다. 그만큼 우한은 모택동과 장정시기부터 깊은 인연을 가진 도시다. 장강으로 흘러드는 漢江은 그 한자까지 우리나라 漢江과 같다. 한강은 섬서성 진령산맥 남쪽에서 발원해서 우한으로 흘러드는 1579 km의 큰 강이

모택동의 장강 도강 기념 사진

다. 장강의 최대지류다. 우한은 호수의 도시다. 특히 동호(东湖)는 건국후 모택동이 44차례나 방문한 것으로도 유명한다. 둘레만도 40 km가 넘는 넓은 호수에 어쩌면 우한의 모든 것이 담겨있다고 볼 수 있다. 세계 군인체육대회 준비를 위해 전 시내 건물들을 리모델링하는 우한 거리는 젊은이들로 넘쳐나고 있다.

마침 지나는 길에 지인이 우한 총영사로 부임해 와서 잠시 저녁을 나누며 외교관이 본 중국 이야기와 나그네가 본 중국 이야기를 나눠 본다.

우한은 젊은이의 도시다. 인구의 10분의 1이 대학생이다. 거리엔 맥도날드, KFC, 스타벅스가 상권마다 가장 요지를 차지하고 있다. 이는 사실 우한만이 아니지만, 중국에서 어느 도시를 가나 가장 사람이 많이 모이는 상권을 알아보려면 거기에 이 세 브랜드의 매장이 있는지 여부를 보면 알 수 있다. 게다가 까오티에 역이나 버스정류장에도 어김없이 이 매장들이 있다. 미 · 중이 무역 전쟁을 하고 있어도 아랑곳없이 성업 중이다. 미국제품 불매운동 같은 것도 없다. 한국이 일제 불매 운동하듯 한다면 중국엔 어떤 일이 벌어질까? 오히려 사드 사태 때 롯데로 하여금 중국을 떠나게 했던 중국 아니던가? 사실 사드도 그 원인을 따지자면 미국인데 힘없는 한국 기업만 죽이는 것이지만 말이다?

중국의 도로에는 전 세계 모든 브랜드의 자동차들이 달리고 있다. 중국 국산 차들이 점점 늘어나고는 있지만 아직도 중국 내에서 생산된 벤츠, 도요타, 한국의 현대까지 세계 자동차 전시장이다. 그런데 문제는 중국 사람들은 이 차들을 외제차라고 생각하지 않는 것이다. 그냥 차종을 구분하는 브랜드일 뿐 모두 중국에서 만든 차 아니냐?라고 생각한다. 만약 맥도날드, KFC, 스타벅스가 미국 브랜드라고 불매

젊은이들로 넘쳐나는 우한 거리

우한의 뿌연 하늘

운동을 한다면 당장 미국기업은 타격을 입을지 모르지만 이 매장들에 종사하는 중국 노동자들이 수십 수백만에 이르는데 이들이 갑자기 일자리를 잃는 것이 된다. 그렇기 때문에 중국인들은 맥도날드, KFC, 스타벅스도 애써 미국 제품이라 생각지 않는다. 어쩌면 미 · 중이 이런 것 가지고 싸울 겨를이 없을지도 모른다.

미국의 세계 패권은 양차 대전을 계기로 확고해졌다. 사실 미국은 200년 전에 이미 연방주의와 공화주의를 자기 정체성으로 정립하고 세계에 이를 전파했다. 유럽의 많은 국가들도 연방과 공화다. 독일, 영국, 프랑스 등도 예외가 아니다. 우리가 흔히 이야기하는 민주주의와 지방분권이랄까? 그러나 세계의 많은 나라들이 이 공화주의와 연방제도를 운영하지 못해 혼란과 후진을 면치 못하는 경우가 허다하다. 우리를 보자. 연방을 이야기하고 공화주의를 말하기가 부끄러울 만큼 일천한 시스템을 가지고 있지 않은가? 구호는 민주주의와 지방분권이지만 형식적인 시스템만 가지고 있을 뿐 그 내용은 적대적 분투와 중앙집권적 배분이 월등한 기형적 체제라 말할 수 있다. 그렇다면 차기 패권국이 될 것이라 말하여지기도 하는 중국은 어떤가? 중국의 정체가 공화주의인가? 중국 공산당은 공산당 시스템이야말로 진정 인민의 의지를 가장 정확히 반영하는 민주주의라고 말한다. 즉 중국 공산당의 시스템이야말로 앞서가는 共和라는 것이다. 과연 그럴까? 오히려 중국은 공화보다는 연방주의를 좀 더 잘 실현하고 있지는 않을까? 23개 성, 4개 특별시, 5개 자치구, 2개 특별행정구, 즉 34개 자치구가 자율성을 가지고 각 지역을 맡아 관리하고 있다. 일당, 중국 공산당의 노선에 기초한다 하더라도 각 성의 자율성은 의외로 높다. 홍콩과 중앙과의 갈등은 홍콩의 중국화에 기인하기도 하지만 적지 않은 원인이 홍콩 내부에 있는 전형적인 신자유주의에 따른 젊은이들의 미래에 대한 불투명성과 불안함도 적지 않다. 이런 불만이 송환법을 계기로 분출되고 이는 홍콩과 중국 중앙과의 전선으로 단순화되었을 뿐이다.

중국은 공화주의와 연방주의를 기치로 한 20세기까지의 인류적 가치를 충실히 체화하지 않고는 Post America는 물론 G2에 걸맞는 세인들의 평가도 쉽지 않을 것이다. 어쩌면 날지 못하는 타조가 중국의 모습이 아닐까 하는 상상이 우한에서의 식자우환이라면 기우일까?

우한은 우리나라의 대전과 같은 느낌의 도시다. 사통팔달 교통의 요지이고 학교와 연구기관이 많지만 밋밋한 도시, 그러나 우한을 거치지 않고 장강을 거슬러 올라갈 수 없듯이 우한을 돌아서 장강을 지나 내려갈 수 없듯이 그렇게 밋밋하지만 허브 역할을 하는 도시다. 우한에서 삼협 구간을 타고 갈 배표를 예매했다. 4박5일 이창과 충칭 구간이다. 나그네는 다시 배낭을 메고 이창을 향해 떠난다. 그 첫 시작은 적벽(赤壁)이다. 삼국지의 적벽대전으로 유명한 작은 도시다. 우한의 우창역에서 일반 기차를 탄다. 왜냐하면 적벽에는 아직 까오티에가 없다. 까오티에는 우한에서 시엔닝(咸宁)을 거쳐 악양으로 가는데 적벽은 일반 철도는 있어도 까오티에는 슬쩍 비켜있다. 우창에서 기차를 기다리며 KFC에 들러 점심을 때운다. 나는 맥도날드보다는 KFC로 간다. 왜냐하면 그냥 그곳으로 발길이 간다.

적벽(赤壁)-악양(岳阳)-형주(荆州)-삼협(三峡)을 준비하다

사람들은 평화를 갈구한다. 평화! 즉 전쟁이 없는 상태, 그러나 인류사는 전쟁사라고 해도 과언이 아닐 정도로 전쟁은 끊임없이 일어났다. 중국대륙을 다니다 보면 전쟁과 종교 이야기를 빼면 그저 강산만 남는다. 한 시대를 전국(战国)시대라 부를 정도로 말이다. 중국대륙은 통일과 분열을 반복해왔다. 모든 통일왕조는 전쟁의 승자가 이룬 패업(霸业)의 상징이었다. 최초의 통일왕국 진나라도 수없는 전쟁으로 통일의 위업을 달성하지만 한 세대도 못가 멸망하고 중국대륙은 전쟁의 수렁으로 빠져든다. 바로 삼국시대, 삼국지로 알려진 위, 촉, 오 그 전쟁의 시대다.

전쟁사는 곧 무기의 역사다. 박물관에서 식기, 무기, 제기(악기)를 빼면 무엇이 남을까? 인간은 무기를 먼저 만들었을까? 제기를 먼저

호북 박물관의 고대 무기들

만들었을까? 짐승을 사냥하기 위해 만든 창칼들이 곧 무기로 바뀌기도 했으니 제기는 그 다음이리라. 박물관의 무기들을 보면 인류는 무기를 만드는 종족이다. 살상 능력이 큰 무기를 먼저 만드는 나라가 세계를 지배했다. 진시황의 철기는 로마의 그것처럼 작은 제후국 진나라의 政을 시황제로 만든 무기이다. 몽고의 징기즈칸이 중국과 한국, 나아가 유럽까지 석권한 무기는 말이었다. 대영제국의 힘은 군함과 대포 아니던가? 미국은 1,2차 세계대전을 통해 세계의 패권을 쥔다. 바로 원자폭탄이다. 인류는 스스로를 몇 번이고 멸망시킬 가공할 무기를 가지고 있다.

"평화를 원한다면 전쟁을 준비하라"고 외친 로마의 베게티우스의 말은 이젠 모든 국가의 신앙이 되었다.

무기의 역사에서 이제 더 가공할 무기는 의미 없다. 원자폭탄이든 수소폭탄이든 더이상 무기로의 의미는 없다. 북한처럼 자위용 이상도 이하도 아니다. 크고 작은 국지전은 핵무기 없는 나라의 전쟁일 뿐이다. 핵은 그 가공할 위력으로 인해 아이러니 하게도 핵전쟁을 억지하는 무기로만 남게 되었다. 그렇다고 인류사에 전쟁이 종식되었는가? 인간의 이성이 핵무기를 평화의 도구로 영원히 사용할 수 있을까? 소위 북핵문제, 무엇이 문제인가? 핵무기를 보유할 이성이 없는 국가가 핵을 가지고 있다는 뜻 이상도 이하도 아니다.

핵확산금지조약 위반이란 말이기도 하다. 그러면 핵은 현재 7개국 이외에는 가져서는 안된다는 법은 누가 만들었는가? 핵을 보유하고 있으나 핵보유국 지위를 인정하지 않는 아이러니 이것이 문제의 핵심이다. 인류에게 2차 대전을 끝으로 세계대전은 끝이 났을까? 사실 모두가 가지고 있는 무기는 더 이상 무기일 수 없다. 단지 자위용일뿐. 그렇다. 핵무기는 자위용이다. '너 죽고 나 죽자'일 뿐이다 그러나 인류가 기대해야 할 마지막 이성 즉 아인슈타인 보다 더 냉철한 이성을

장강 적벽

우리는 권력자들에게 구해야만 한다.

미 · 중간의 무역 전쟁으로 일컬어지는 동 · 서양 간의 전쟁! 나는

3차 대전이 이미 발발했다고 본다. ICBM과 항공모함, 인공위성까지 가공할 무기는 사실 3차 대전에는 쓸 수 없는 무기다. 미국의 세계 패권이 곳곳에서 잠식되고 있다. 특히 경제의 우월적 지위가 흔들리고 있다. 트럼프의 '미국 우선'은 이것을 반증하는 자조 섞인 선거 구호였다. 중국이 15억의 인구와 거대 영토로 1위의 경제 대국이 될 날이 멀지 않다. 미국은 중국의 도약을 지켜보고만 있을 수 없다. 그렇다고 뾰족한 수도 없다. 중국의 붉은 벽 적벽(赤壁)을 바라보는 미국의 심정은 어떨까?

미국의 UN 체제는 2차 대전의 산물이다. 3차대전의 결과는 과연 Post America가 Pax China로 될까? 3차 대전은 바로 '赤壁大战'이다. 앞으로 인류를 위협할 신무기는 바로 5G. 그리고 바이러스 환경 재앙 등 예상치 못한 카오스다. 그리고 바로 모든 사람이 들고 있는 휴대폰, 중국식 표현으로 쇼우지(手機)다. 그것이 3차 대전의 신무기다.

3차 대전이 끝나면 세계는 미국 중심의 체제에서 다원화된 체제로 바뀔 것이다. 이미 중국의 결제 방식은 이미 종이 화폐 시대를 마감했고 이는 한국보다 훨씬 진전되어 있다. 한국은 카드사들의 이익을 위해 전자화폐로 나아가지 못하고 있다. 이런 무형의 화폐와 블록체인 기술이 결합돼 달러를 대신할 새로운 국제 화폐를 만들게 될 것이다. 이런 국제 질서를 위한 post UN도 만들어 질 것이다. 5G로 대표되는 신기술, 4차 혁명의 신시대는 아이러니하게도 미국 주도의 세계의 질서를 끝내는 도구가 될지도 모른다. 미국이 애써 화웨이에 대한 견제를 하는 이유가 바로 여기에 있는 것이다.

15 악양의 동정호 그리고 형주

적벽을 떠나기 전 나는 육수하(陆水河)를 거슬러 올라갔다. 陆水河는 장강으로 흘러들어가는 지류로 적벽시내를 흐른다. 적벽시내에서 조금만 올라가면 陸水峽, 육수댐이 나온다. 이 댐은 세계 최대의 장강 산샤댐을 만들기 위해 만든 시험댐이다. 삼협 시험댐의 규모가 소양강댐과 같은 담수량 30억 톤 규모로 건설되었으니 삼협댐의 크기는 과연 어떨까?

삼협의 시험댐인 육수댐

악양역

마음은 벌써 삼협으로 간다.

악양과 형주는 삼국지에 익히 나오는 익숙한 지명이다. 손권과 유비 연합군이 형주를 차지하려고 조조와 싸우던 그 결전장이 악양, 형주, 그리고 적벽이다. 그 악양에는 유명한 동정호가 있다. 시성 두보의 시가 떠오르는 동정호 악양루에 올라 두보를 상상해 본다.

두보의 묘도 이 악양에 있는 것으로 봐서 그는 동정호를 떠나지 못할 정도로 사랑했던 모양이다. 동정호는 호남성의 상수(湘水)등 여러 물길을 모아 이루어졌고 이는 장강과 이어져 장강의 수량을 조절하는 자연 조절지의 역할을 해왔다. 지금은 인공 조절지를 만들어 수량 변화가 크지 않지만 예전에는 거의 두 배의 수량변화가 있을 만큼 호수가 커졌다 작아졌다를 계절적으로 반복한 동정호다. 그 당시에는 중국에서 제일 큰 호수였는데 지금은 번양호에 그 자리를 내어주었다. 악양루와 군산도를 배타고 한바퀴 돌

악양루에서

아보며 내륙에 이런 호수가 있다니 그저 감탄할 뿐이다.

우리는 면적을 쉽게 이해하기 위해 보통 여의도 면적의 몇 배, 아니면 축구장 몇 개 크기 등을 즐겨 쓴다. 그러나 중국의 크기는 서울시 면적의 몇 배로 하는 게 이해하기 쉽다. 서울시 면적이 605 km^2니까 동정호는 서울시의 6~7배 정도다. 어디 그뿐이랴 중국 사람들이 1년 동안 담배 연기로 날리는 돈이 우리 돈으로 500조 원이다. 올 해 국회에 올라온 2020년 예산이 500조를 처음 넘었다. 중국 사람들 담뱃값도 안되는 예산 가지고 왜들 그렇게 싸우는지 그저 가소로울 뿐이다.

동정호의 군산도

중국에서 크기나 규모를 자랑하지 말라는 뜻에서 적어 보았다.

형주는 삼국지에서는 강릉으로 나온다. 관우의 동네다. 세계 최대

세계 최대 동상인 관우의 동상

줄지어 내려가는 장강의 화물선

형주의 장강가에서

관우의 동상 안에 삼국문화 전시실이 있다. 중국인들은 뭐든지 세계 최대를 지향한다. 최대, 최장, 최고. 웬만한 기록들은 중국에 있을 것이다. 장강은 형주에 와서 그 물이 맑고 푸른 물빛을 띤다. 쉼 없이

형주 장강의 석양

내려가는 화물선들. 나는 하루 종일 장강가에 있었다. 저녁해가 장강으로 질 때까지 장강가에서 이제는 삼협으로 가는 길을 떠나려 한다.

형주에서 만난 뻥튀기 청년

형주를 떠나며 예쁜 청년 부부를 만났다.

형주에는 长江大学이 있다. 그 많은 장강의 도시들 중에 장강대학이라는 이름의 대학이 형주에 있다. 그 대학을 한 바퀴 돌아보고 나오는 길에 우리 뻥튀기와 똑같은 모양의 뻥튀기 장수를 보았다. 가까이 가보니 앳된 청년이었다. 보통 장날 뻥튀기는 나이 지긋한 할아버지가 익숙한 모습인데 말이다. 나는 청년이 궁금해서 일단 말을 걸어볼 요량으로 뻥튀기 한 봉을 샀다. 한 봉에 5元이다. 뻥튀기와 콜라를 한 병 사서 먹으면서 청년 옆에 앉아서 말을 건넸다. 스물다섯의 청년 부부란다. 청년 창업으로 이 일을 시작했고 이곳엔 5일마다 한 번씩 온다고 한다. 그냥 첫눈에 성실한 청년이라고 얼굴에 써 있다. 한참을 이 얘기 저 얘기 나누고 헤어졌다. 참 기억에 남는 청년

청년의 아내

형주성

이었다. 저 청년이 믿는 것은 무엇일까? 저 앳된 부부의 꿈은 무엇일까? 중국은 저 젊은 부부에게 어떤 믿음을 주고 있을까? 그들의 인생이 뻥튀기처럼 멋지게 대박이 터지길 바라면서 형주를 떠나 삼협구간의 관문인 이창(宜昌)으로 가는 기차를 탄다.

이창 그리고 삼협댐(三峡大坝) 16

상해의 장강 하구 숭명도를 떠난 지 두 달 만에 삼협의 관문 이창에 도착했다. 형주에서 배를 타면 쉽게 올 것을 기차를 타고 돌아 돌아 도착했다. 이창에서 삼협구간을 지나는 배를 탈 때까지 남은 시간은 4일이다. 허름한 여관을 얻었는데 하루에 85위안이었다. 중국에서 외국인이 숙박할 수 있는 호텔은 중국 당국으로부터 외국인 숙박을 허가받은 호텔만 가능하다. 비교적 가격이 비싸다. 이창에서 처음으로 100위안 이하의 숙소를 잡았다.

이창 동역

마음이 넉넉해진다. 이창은 삼협이 시작하는 곳이다. 삼협댐(三峡大坝)과 충칭 구간의 장강은 배가 아니면 지나갈 수 없다. 삼협 구간은 4박 5일 배로 이동한다. 배에서 먹고 자고 장강만을 바라보며 장강 속에서 시간을 보낸다. 이창에서 산샤댐까지의 삼협과 산샤댐은 배타기 전에 가 보아야 한다. 삼협인가(三峡人家)로 불리는 토가족의 파왕궁으로 첫 삼협을 맛보기로 했다. 가는 길에 루조묘(嫘祖庙)에 잠깐 들렀는데 중국의 전설 속의 시조 황제의 부인의 고향이 바로 이창이

황제의 아내 루조묘

다. 황제의 묘는 황하강가에 있는데 그의 부인의 묘는 장강가에 있다. 관리인들이 얼마나 경건함을 요구하는지 내부에서 사진도 찍지 못하게 한다. 중국인들과 함께 이동하는데 중국인들은 진지하게 향을 피우고 절을 하며 경의를 표하는 것이 신기했다. 三峽人家는 유람선을 타고 갈 수 밖에 없다. 장강 삼협의 위용이 펼쳐진다. 푸르고 깊고 높은 절벽을 사이로 장강, 지금까지의 장강과는

삼협 장강의 풍광 1

삼협 장강의 풍광 2

사뭇 다른 흐름이다.

토가족의 파왕채(궁)는 깎아지른 절벽 위에 지은 왕궁이다. 저렇게 막다른 곳에서 저항하며 살아남았던 토가족, 그것이 생명있는 것들의 본능이리라. 이제 삼협의 시작이다.

이창은 장강이 만든, 장강의 도시다. 장강에는 끊임없이 지나는 화물선과 강태공들로 풍요와 여유로움을 갖게 한다. 나도 잠깐 짬을 내어 낚시를 드리워 보았다.

장강은 이창 상류와 하류로 나뉘어진다. 이창부터 상류는 협곡과 산악지대로 흐른다. 하류는 완만하며 수운에 편리할 만큼 상류만큼 유속도 빠르지 않다. 내 삶 속에서 10년은 댐에 매달려 살았다. 바로 한탄강댐이다. 1조5천억이라는 혈세를 들여서 만들어 놓은 한탄강댐, 한국의 마지막 댐을 흉물로 장식했다. 댐을 건설하는 과정이 짜맞추기 추진으로 일관됐다. 경제성이니, 효율성이니 여타의 다른 문제점

장강의 三峽人家 1, 2

들은 언제든지 부풀리고 조작하면서 오직 댐 건설, 그것으로 인한 기업의 이윤에만 몰두하는 한국의 수치스런 마지막 댐 사업이었다.

사실 한국엔 그만한 댐을 건설할 곳도 없고 필요도 없다. 그래서 나온 것이 4대강 사업이다. 불필요한 보를 만들고 강바닥을 파내고 20조 원이 넘는 돈을 탕진했다. 이 4대강 사업의 마중물이 한탄강댐 사업이었다. 이제 댐건설보다는 수질 관리에 중점을 두면서 환경부가 수자원 공사를 감독하게 되었으니 한탄강댐은 결국 댐은 만들어졌어도 더이상 댐이 필요없다는 사실을 웅변하였던 사업이다. 그렇게 댐과 강을 끌

토가족의 파왕채

어안고 10년을 살았기에 산샤댐에 대한 관심은 남달리 클 수 밖에 없다. 산샤 협곡의 규모가 어찌 한탄강 계곡에 비교할 수 있을까?

삼협댐의 도크

이창에서 산샤댐까지 가는 버스를 타고 도착한 산샤댐, 담수량만으로도 소양강댐의 열배다. 댐을 보러오는 관광객만도 연간 1백만 명이 넘는다. 댐 지역에 에스컬레이터를 타고 올라가다 보면 눈에 띄는 게 바로 이 도크다.

이창에서 충칭을 향하여 올라가는 배들이 차례를 기다리고 있다. 올라갈 때는 4시간이 소용되고 내려갈 때는 40분이면 내려간다.

산샤댐은 장강 유역의 홍수예방, 전기 생산, 수운의 발달 등 긍정적인 면도 많지만 그 규모의 엄청남에 따른 예기치 못할 재앙의 소리도 끊이지 않는다. 원자폭탄에 비할 수 없는 물폭탄이다. 중국 정부는 산샤댐 특별조례를 따로 만들어 운영 중이고 경비는 군대가 맡고 있다.

삼협댐 전경

이창의 장강대교

그만큼 중국에서 제일 중요한(위험한) 시설이기 때문이다.

이창을 떠나기 전 이창의 장강대교인 이룽대교를 걸어서 건너보았다.

장강은 이창 사람들의 모든 것이고 중국인들의 생명줄이다. 장강은 사람들이 원하는 것을 모두 내어준다. 강변에서 춤과 체조로 하루를 보내고, 낚시와 산책으로 강변의 저녁은 어디나 사람들로 북적인다. 나도 잠시 강변 공원에 피곤한 몸을 뉘워 삼협으로 들어갈 준비를 한다.누워서 잠시 생각에 잠긴다. 인간의 과학과 기술로 저 엄청난 흐름을 막을 필요가 있을까?

산샤댐은 장강의 모든 것을 둘로 나눴다. 흐르는 물을 막으면 전력 즉 에너지를 얻을 수 있다. 세상의 권력이라고 칭하는 것들도 알고 보면 자연스러운 흐름을 막는 데에서 나온다. 잘못한 자를 합당하게 벌을 주는데 어떤 힘이 나올 수 있을까? 억울한 사람을 만드는 데서 소위 권력이 생기는 것 아닐까?

개혁개방 40년을 맞이한 중국, 건국 70주년을 맞은 중국, 지난 30년의 성장보다 최근 10년의 성장이 더 큰 중국의 놀라운 경제성장! 그 속에서 어떤 카오스가 함께 성장하고 있을까? 중국의 카오스를 어찌할 것인가? 한국의 위선을 어찌할 것인가? 산샤댐을 뒤로하며 4박 5일 간의 뱃길 여행을 떠난다.

누워서 쉬는 필자

17 배를 기다리며 굴원(屈原)을 만나다 – 마오핑(茅坪)항

산샤댐에서 충칭 구간은 배가 아니면 강을 볼 수 없다. 미리 예매해 놓은 이창–충칭간 카훼리 황금1호는 12000톤급의 대형 크루즈선이다. 세월호의 약 두 배 정도의 크기다. 배는 이창의 산샤 댐 상류부 댐 사이트가 바로 보이는 마오핑 항에서 출발한다. 배가 저녁에 출발하기에 거의 낮 동안 항구 주변을 돌아보는 기회가 주어졌다. 마침 가까운 곳에 屈原의 고향이 있다. 여기서 굴원을 만나다니! 어쩌면 이 항구도 굴원 때문에 이곳에 만들어졌는지도 모른다. 삼협댐이 보이는 강가에 굴원을 기리는 사당과 기념관 등이 있는 屈原故里다. 굴원의 사당에서 삼협댐이 내려다 보인다. 굴원이 살아있다면 저 댐을 바라보면서 무슨 생각을 할까? 굴원의 고향을 나와 뱃머리로 오는 길에 옥수수로 술을 빚어 파는 작은 전통 술도가를 들러 구경좀 하자 했더니 주인이 반갑게 맞는다. 호남성이 고향인 청년인데 요즘은 장사가 잘되지 않는단다. 한국인이라 하니까 너무 반갑게 맞아준다. 한참 이야기를 나누다 보니 자기가 빚은 술 한 병을

굴원의 고향

굴원의 사당

담아 준다. 그 청년의 호의를 배웅삼아 4박 5일의 삼협구간의 뱃길을 나선다.

우리가 타고갈 황금1호다. 삼협을 지나가며 바라보는 풍광을 어떻게 글로 표현할 수 있을까?

지나가면서

4박 5일 동안 중국인과 같은 방을 쓰면서 많은 이야기를 나눴다. 판츄룽이라는 저장성 항저우에서 온 퇴직교사였다. 퇴직을 하면 여행경비를 지원해주는 제도가 있다고 혼자서 왔노라며 인사를 나누었다. 나보다 4살 정도는 위였다. 반듯하고 점잖은 사람이었다. 자신을 중국 공산당원이라고 하면서도 생각은 개방적이었

삼협의 전통 술도가

삼협 여행을 함께한 판츄룽씨

삼협 크루즈 황금 1호

삼협 크루즈 앞에서

배에서 보는 삼협

삼협의 신비

다. 4박 5일 길벗으로 심심치않게 지냈다.

그리고 매일 식사를 함께하던 서양인들이 있었다. 미국인 부부, 호주인 두 부부, 캐나다인 부부와 함께 매일 식사를 같이했다. 어쩐 이유인지 처음부터 외국인 테이블을 배정해주었고 중국인들과는 함께 식사하지 못했다.

서양인 일행들

이들과 대화 중에도 중국인들이 시끄럽다는 데는 모두 머리를 끄덕였다.

배는 밤에는 쉬지 않고 충칭을 향하여 거슬러 올라간다. 낮 동안에는 가는 동안 곳곳에 들러 일정 시간 자유시간과 단체관람 등을 한다. 같은 방을 쓰는 판씨는 나에게 소수민족이 있는 도시나 농촌에서는 치안에 조심하라고 귀

띔해준다. 그에게서 한족의 소수민족에 대한 약간의 편견을 엿볼 수 있었다.

삼협을 지나가면서 보이는 것은 푸른 강물과 기암절벽 그리고 그 절벽에 기대어있는 神들이다. 무산, 백제성, 백귀성 등 중국신곡지향(中国神曲之鄉)이라 칭할 정도로 온갖 神들이 삼협에 있다. 왜 신들은 이런 협곡에 있어야 했을까? 이번 부활절을 이 神界의 협곡에서 보내면서 神과 인간에 대해 생각해 본다. 아인슈타인은 이렇게 말한다.

"나는 자신이 창조한 대상을 보상하고 벌주는 神은 상상할 수 없다. 그러한 신의 목적은 우리 자신의 목적을 본보기로 하여 만든 것이다."

스티븐 호킹은 덧붙인다.

"당신이 원한다면 자연법칙이 신이 하는 역할이라고 말할 수 있지만, 그것은 신이 하는 존재의 정의 그 이상의 것이다."

신의 존재를 증명하기도 불가능할지 모르지만 신의 부존재를 증명하기도 불가능할 것이다. 왜냐하면 신은 믿음이기 때문이다. 神은 곧 信이

신곡지향 삼협 절벽위의 교회

다. 그래서 신은 곧잘 주술사들의 허술함에 의해 부정될 때가 더 많다.

서구사회는 이미 기독교의 권능이 희미해졌다. 중국은 모든 종교가 있지만 관광상품이거나 개인의 구복 그리고 국가의 틀 내에서만 존재할 뿐이다. 부활절 아침, 요단강도 한탄강도 아닌 장강에서 한국의 기독교를 생각해 본다. 한국교회와 목회자들을 보면서 신의 존재와 그 신에 대한 믿음을 더할 수 있는지. 이데올로기화되어 버린 교회와 목회자들 세속적 욕망에 사로잡힌 교회와 목회자들. 이제 그들이 사람들의 마음을 움직이기에는 사람들이 너무 많이 깨어버렸다. 신의 존재 여부를 떠나서 그 신의 현신인 예수의 십자가를 과연 그들이 지고 있을까? 십자가는 과연 누가 지는가? 십자가는 분명히 사회적 형틀이다. 십자가를 지려면 어떻게 해야 할까?

첫째 그를 따르는 사람들이 수천수만은 되어야 한다. 둘째 그의 언사가 약자들을 위한 사랑이어야 한다. 셋째 불의한 권력을 향하여 외쳐야 한다. 이 셋 중에 하나만 없어도 십자가는 없다. 십자가가 없는데 무슨 부활이 있겠는가? 십자가는 사랑이요, 이는 아인슈타인이나 호킹의 확신과는 다른 神이다.

황천로

인간은, 인류는 어쩌면 이 神을 찾았고 따르며 살아왔는지 모른다. 나는 진화론을 믿지 않는다. 왜냐하면 인간을 보면 진화하지 않았음을 확신한다. 인간의 역사를 보면 그들이 쓰는 도구만 다를 뿐 그 인식수준은 큰 차이가 없다. 인간에게서 진화의 증거를 찾는 것보다 진화하지 않음을 찾

| 동지옥

| 서지옥

는 게 훨씬 쉽다. 장강가의 白鬼城에는 천당과 지옥을 정말 리얼하게 그려놓았다.

이 황천로를 걸어 들어가면 선악을 심판하며 동지옥, 서지옥엘 간다.

이런 생각을 하며 설핏 새벽잠이 들었다. 장강 푸른 물에서 낚시를 하는데 1 m가 넘는 민어를 낚는 꿈을 꾸었다. 꿈을 깨고 밖을 보니 배는 목적지인 충칭(重慶)에 도착하고 있었다. 닷새 동안 지나온 삼협!

소리꾼 한승석의 시 만큼 이 강물을 잘 표현 할 수 없어 여기에 전재하는 것으로 그 감동을 대신한다.

저 물결 끝내 바다에

저기 저 청산을 감고 도는 한 줄기 녹수는
송백수양 전해주는 무슨 사연 품었기에

임 그리듯 하소하듯 원망하듯 울음 울 듯
도란도란 너울 넘실 워리렁 퀄퀄 뒤둥그러져
너 나 우리 분별 없는 드넓은 바다 찾아
아래로 아래로만 흘러간다

가다가 잠시 보에 갇혀 봇물 되어 머물러도
뒤따라 달려오는 수백 수천의 물길
기다렸다 가득 차면 마침내 보를 넘어
저 광야로 넘쳐 간다

물길의 선두는 스스로 길을 찾고 감돌아가네
뒤이은 물줄기는 내어진 길을 따라 흐름을 얻는다네
가다가 잠시 암벽을 만나 돌아가거나
웅덩이에 잠깐 괴기도 하지만
그것은 그저 흐름의 한 곁일 뿐
꺾인 게 아니라네 멈춘 것도 아니라네
도용도용 호호탕탕 도도한 물결의 흐름은
끝이 난 게 아니라네

물결이 물결을 잇고 흐름이 흐름을 끌어
뒤따른 다른 물결 끝없이 일어나 몰아칠 제
수천수만의 물길 한데로 합수쳐
산굽이 들굽이로 와당탕퉁탕
돌아들고 굽이쳐서 잔잔히 흘렀다가
스리스을쩍 층암절벽 휘들어 져
막힌 듯 터지고 헤쳤다가 다시 모여서
천방져 지방져 월턱져 구부져
거품이 북적 물너울이 뒤뚱
워르르르 퀄퀄 뒤둥그러지고

마주 쾅쾅 마주 때려
마침내 철벽이 무너지리니

아 이 물결 아득히 흐르고 흐르면
끝내 장강대하가 되어 산천을 바꾸리라
아 저 물결 끝내 바다에 이르러
검푸른 물결 속에 감도는 붉은 빛을 보리라

지금은 비록 물속에 잠겼으나
장차 밝게 떠오를
찬란한 태양을 보고야 말리라
사람의 일도 그러하리라
늘상 그러하여 나아가리라
아 아아 --
아득한 세월
아득히 먼 길
티끌처럼 수많은 생령들의 뜻이
어찌 이루어지지 않으랴

출처-저 물결 끝내 바다에 작사 소리꾼 한승석의 詩

충칭 도착! 이제 장강의 절반이다. 여기서부터 장강은 금사강이라 불린다.

18 충칭(重慶), 다시 임시정부를 상상한다

충칭의 해방비 광장

충칭은 중국 중서부의 유일한 직할시다.

말이 市지 면적이 제주도를 뺀 남한 면적만하다. 인구도 3000만이 넘는 중국 최대의 市다. 배를 타고 장강을 500여 km 거슬러 올라와 충칭항에 도착하니 더운 아침 햇살이 막 번지고 있었다. 5일 동안 정들었던 판씨와 다시 만나기로 약속하며 아쉬운 작별을 하고 서양인 부부들과도 서로 어깨를 안아주며 서로의 안녕을 빌어주었다. 그들은 모두 내 여행의 일정에 'wonderful'을 연발하면서 행운을 빌며 즐거워 해주었다.

낯선 이방에서 짧은 시간이지만 같은 배를 탔던 길동무들과 헤어져 나는 지하철을 타고 충칭시의 추뉴(枢纽), 허브인 해방비를 향해 발걸음을 옮겼다. 4월 말인데 벌써 4大 화로의 명성답게 한낮엔 무더워 사람들은 모두 가로수 밑에서 더위를 피하고 있었다.

중국의 거의 모든 도시에는 인민광장(人民广场)과 이 해방 기념비가 있다. 그중 충칭의 해방비는 해방비 중에서도 가장 유명하다. 27 m

의 작은 기념비가 수십 층 빌딩 숲속에 있어도 도시의 중심이고 랜드마크다. 충칭엘 오면 반드시 들러서 기념사진을 찍어야 하는 곳. 서울에서 그런 곳은 어디일까?

작은 해방비 하나가 충칭의 기준이다. 우리는 너무 크게, 크게만 추구하며 살지는 않았는지 해방비 앞에서 한참을 쉬면서 이런 생각을 한다. 우리나라도 작지만 세계 속에서 그런 역할을 하면 좋을텐데... 그러려면 세계인이 동의하는 수준 높은 정신 문명이 있어야 한다.

이런 생각을 하면서 70년을 분단으로 사는 나라, 그 반쪽 남쪽도 건국일은 임시정부 수립일이라는 세력과 48년 8.15일 대한민국 정부 수립일이라는 세력이 끝없는 논쟁을 하는 나라, 그 나라의 대통령과 총리가 다녀간 지 얼마 안되는 충칭, 대한민국 임시정부 터로 걸어간다. 한참을 이 골목 저 골목을 돌아 돌아 겨우 찾았다. 입구에는 깃

충칭의 임시정부 청사

충칭 임시정부 주석단

대가 세 개 있는데 텅 빈 깃대뿐, 왜일까? 하나는 태극기, 하나는 중국 오성홍기, 하나는 충칭시의 깃발 정도는 있어야 하는 것 아닌가? 관리인에게 물어보았다. 왜 텅 비었냐고. 사실 이 건물의 관리는 충칭시에서 하고 있단다. 대사관처럼 한국의 소유도 아니다. 그저 충칭시의 근대역사 유적 정도, 그것도 1992년 수교 후에 비로소 충칭시 문화재로 등록한 중국 사람들에게는 별 감동도 없는 오래된 건물 정도다. 대통령과 총리가 다녀간 지 얼마 되지 않았는데도 어디에도 그 흔적이 없다. 이명박, 박근혜 정부는 1948년 8월 15일을 건국일로, 건국의 아버지를 이승만으로 국정교과서에 공식화하려다 촛불혁명으로 뜻을 이루지 못하고 지금은 1919년 상해임시정부를 대한민국 건국이라 하는 정권이 이를 기념하고 있다.

민주당, 대한민국 임시정부를 한국의 건국일로 생각한다면서 그 임시정부 청사 관리권 하나 갖지 못하는 이유를 본국, 아니 임시정부

| 충칭의 훠궈

아닌 정부에 묻고 싶다. 당연히 북한은 이 두 임시정부 청사에는 관심이 그다지 없다. 당시 주석실 주석의자에 앉아 복잡한 내 마음을 적어 보았다.

그대 통일을 바라는가? 그렇다면 그대가 그리는 통일된 나라는 어떤 모습인가? 임시정부 사람들은 독립된 조선을 꿈꿨다. 분단된 대한민국이 아니었을 것이다.

완전한 자주 독립 국가! 그것은 아직도 이루지 못한 꿈이런가?

통일된 나라, 상상이라도 해보았는가?

우리는 남쪽도, 북쪽의 모양도 아닌 전혀 새로운 모양의 나라가 아니면 안되는 그런 시뮬레이션이 필요하다. 임시로 말이다. 남북이 통일된 모습을 미리 그려보는 '新 임시정부' 그 위험한(?) 상상을 하며 충칭 버스정류장에서 루저우(泸州)를 향해 걸음을 옮긴다.

충칭의 훠궈 식당

19 루저우(泸州)와 이빈(宜宾), 장강 수운의 마지막 도시

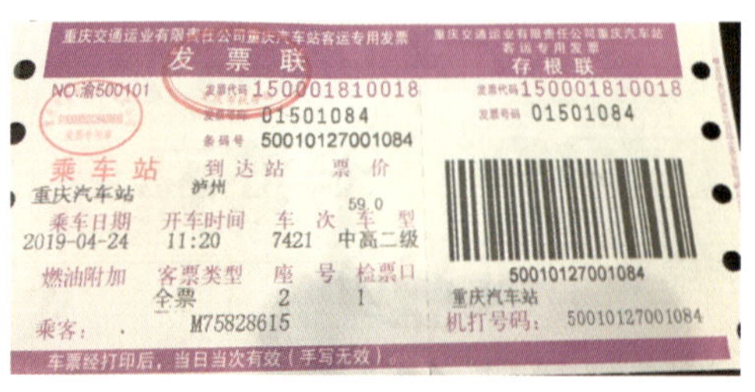

충칭 루저우 버스표

이제 四川省이다!

충칭에서 루저우는 기차가 없다. 시외버스 정류장으로 가는 길, 아직도 구두 닦는 여인들이 있다. 저들의 하루벌이는 얼마나 될까? 손녀까지 보면서 시름에 겹다.

거리의 풍광이 사천성에 온 느낌이 확 든다. 루저우와 이빈시! 웬만한 사람들은 들어보지 못한 도시다. 나도 장강을 거슬러 올라가면서 들르게 되면서 처음 알았다. 그런데 이 두 도시가 버스로 두 시간 거리에 있는데 인구가 두 도시 다 500만이 넘는다. 루저우는 명나라 때에는 33개 무역중심지의 하나였을 정도로 서부 장강의 해운 중심 물류 도시다. 루저우의 별칭은 주성(酒城)이다. 술의 도시라는 뜻이다. 이웃 이빈이 유명한 우량예(五粮液)의 생산지인 것도 우연은 아닐 듯하다.

암을 고치는 시골약방

장강 상류의 마지막 물류도시 루저우와 이빈이다. 루저우의 장강은 여느 장강가 도시와 마찬가지로 장강을 연하여 상업지구가 형성되어있다. 酒城답게 유난히 술집과 노래방이 많다. 루저우는 한 때 무역과 물류의 중심지답게

| 루저우 고성

저온창고였던 라오지아오(泸州老窖)가 건너로 보인다.

루저우의 물살은 이제 확실히 급해졌다. 시내에서 장강으로 통하는 東門을 보면 장강이 얼마나 중요한 관문이었나를 알 수 있다. 낮에는 33°C를 웃도는 날씨 탓에 봄인데도 사람들은 모두 해가 지고 나니 장강가로 몰려 나온다. 불교 白塔의 야경이 아름답고 그 밑에는 사주보는 사람들이 꽤나 많다. 중국사람들은 어떻게 사주를 보나 궁금해서 이 할아버지에게 내 생년월일을 알려주고 내 사주를 알려달라고 해봤다.

| 루저우의 옛 물류터

"冬去春來, 一路順風"이란

사주 보는 노인

다. 사주풀이 값으로 20元을 주었다.

루저우에서는 타쟝(沱江)이라는 장강의 지류가 만난다. '沱'라는 말의 뜻은 배를 댈 수 있다는 뜻이다. 배를 댈 수 있는 강 바로 루저우다. 루저우에서 버스로 두 시간 정도 가면 장강의 마지막 수운도시 宜宾이 나온다. 운남 귀주 사천성이 만나는 도시다. 사실상 宜宾위를 금사강, 아래를 장강이라 부른다. 그래서 宜宾은 금사강, 민강, 장강이 만나는 삼강교회처(三江交汇处)라 부른다. 장강을 따라 깊숙이 들어 간다. 마지막 수운 물류지 답게 곳곳에 컨테이너 항들이 있다.

그 옛 물류터 리짱쩐(李庄镇)에 내 발걸음을 멈춘다. 이곳이 배를

장강 최상류의 컨테이너 항

가지고 서쪽으로 올라올 수 있는 마지막 항구다.

1937년 중국은 일제와 전쟁으로 전국이 초토화될 무렵 민국의 수도였던 난징 박물관의 국보를 서쪽으로 옮기는 데 바로 이 리쨩항(李庄港)이 그 중요한 역할을 했다. 중앙박물원 준비위원회가 6년간 이곳에서 운영되었다. 이곳은 지금은 상해에 있는 동제대학이 개교를 했던 곳이고 이 작은 마을에 법원이 있을 정도로 융성했었다. 지금도 법원은 운영되고 있다. 李庄은 아주 오래된 장강의 도읍을 제대로 볼 수 있는 곳이다. 李庄을 끝으로 장강에서 더 이상 대형 화물선을 볼 수 없다. 宜宾으로부터 장강 상류는 더 이상 배가 다닐 수 없는 급한 강이 된다. 李庄에는 우량예(五粮液)로 유명한 옛 술도가가 있다. 그밖에 가축시장터, 홍수관제소 등의 옛터도 볼 수 있다.

이제는 만리장강 제1항 李庄이 대형 화물선이 정박하기 쉬

리장 옛터에서

중앙박물원 유물들

동제대학 옛터

리장 법원

운 건너편으로 신설되면서 李庄은 古都로 남게 되었다. 참 기억에 남는 장강의 옛 나루 李庄을 뒤로하는 나는 판지화로 가야한다. 그러나 宜宾에서 판지화(攀枝花)는 대중교통이 없다. 청해성에서 시작한 장강은 티벳과 사천을 사이에 두고 줄곧 남쪽으로 흐르다가 운남 최북단 더친(德欽)에서 부터 소용돌이치면서 차마고도를 흐르다 옥룡설산에 막혀 다시 한번 호도협을 끼고 북쪽으로 솟구쳐 용틀임하다가 다시 남으로 판지화에서 그 흐름을 서쪽으로 바꾼다.

사천성의 전통주 술도가

오량액의 원조 양조장

20 중국에서 살고 싶은 도시, 둘-판지화(攀枝花)

이빈(宜宾)과 판지화(攀枝花)의 거리는 650 km가 넘는다. 장강 700 km 물길이 대량산(大凉山)과 오연봉(五连峰)이라는 큰 산맥을 사이로 흐른다. 이빈에서 판지화까지 고속도로가 2023년에야 개통한다고 한다. 이제부터는 뱃길도 없다. 아쉽게도 이빈에서 청뚜로, 청뚜에서 쿤밍가는 도로를 이용해서 판지화로 갈 수 밖에 없다. 이빈에서 밤기차를 타고 청뚜에 새벽에 도착했다. 아직은 새벽 5시 동이 트기 전 새벽에 어디로 갈까?

토요일 새벽, 나는 성당으로 발걸음을 옮겼다. 평안교 천주교당, 청뚜에서 가장 오래되고 규모가 큰 성당이다. 청뚜는 천주교뿐만 아니라 서부 기독교의 중심지다. 교회도 많고 활동도 활발하다. 새벽 미사를 드리는 사람들이 300여 명은 되는 듯 했다. 1904년에 건축된 아름

청뚜의 평안교 천주 교당

천주 교당의 새벽 미사

다운 성전이다. 외벽에는 12사도의 부조가 장식되어 있다. 판지화로 가는 길에 잠깐 들른 청뚜 성당에서 새벽 기도를 하며 그동안의 번거로움을 차분히 돌아보고 앞으로의 매일매일 처음 가는 발걸음도 안전하게 인도하심을 빌어 본다.

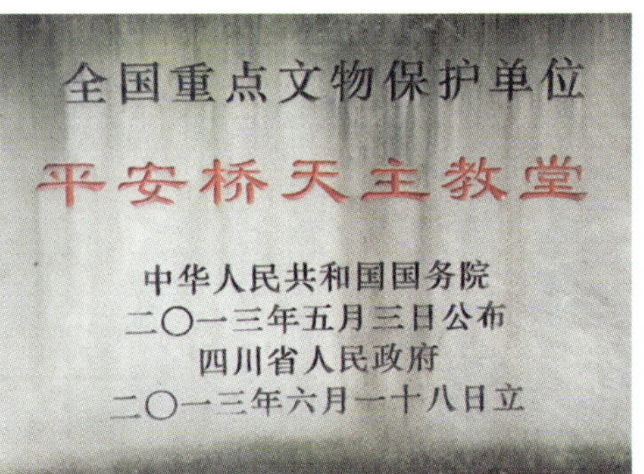

천주 교당 안내 표지판

청뚜에서 서창(西昌)까지 밤기차를 예매하고 낮 동안 온통 공사 중인 청뚜 시내를 돌아본다. 중국 어디를 가나 공사 중이다. 중국경제를 이끄는 견인차는 아파트 건설과 재건축, 고속철도와 고속도로 등 인프라 구축과 수출, 이 세 가지다. 9~10% 성장에서 6%대로 내려왔지만 중국은 성장 중이다. 중국경제를 비관적으로 보고 싶어하는 사람들은 성장의 정체와 이에 따른 경제적 혼란이 올 것이라 희망(?) 섞인 전망을 하지만 중국의 구석구석 바닥 경제를 본 내 생각은 다르다. 일본과 한국이 걸어온 길을 예외 없이 걸을 것이라 예상하지만 중국이 근본적으로 다른 요인들을 간과한 측면도 적지 않다. 중국이 Post-America가 되는 데는 동의하지 않지만 1위의 경제 대국이 되는 것만은 확실하다.

청뚜–서창 기차표

사천성의 모든 길은 청뚜로 통한다. 10년 전에 왔던 청뚜가 아니다. 아니 10년 전의 중국은 더 이상 없다. 청뚜역에서 西昌까지 밤새 기차를 탄다. 어젯밤, 오늘밤 이틀 밤을 기차에서 잔다. 밤새워 좁은 침

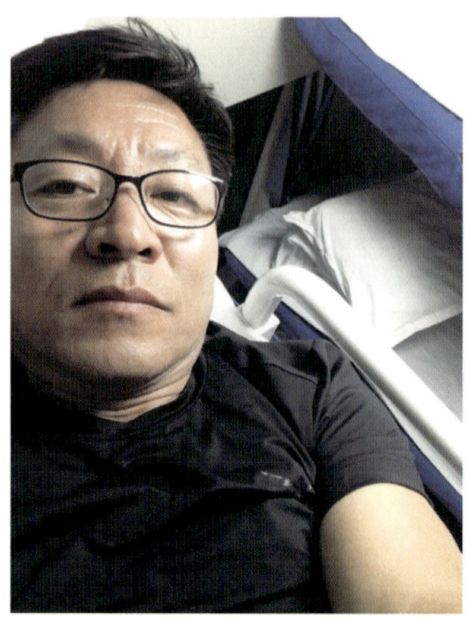

밤새 가는 기차의 침대에 누워

대에 누워 지나온 여정을 생각해 본다. 아직도 가야할 여정이 까마득하다. 단조로운 밤기차여행, 휴대폰에 담아 온 노래 중에서 김광석의 '서른 즈음에'를 잠을 청하며 듣는다.

또 하루 멀어져 간다
내뿜은 담배 연기처럼
작기 만한 내 기억 속에
무얼 채워 살고 있는지

점점 더 멀어져 간다
머물러 있는 청춘인 줄 알았는데
비어가는 내 가슴 속엔
더 아무 것도 찾을 수 없네

계절은 다시 돌아 오지만
떠나간 내 사랑은 어디에
내가 떠나 보낸 것도 아닌데
내가 떠나 온 것도 아닌데

조금씩 잊혀져 간다
머물러 있는 사랑인 줄 알았는데
또 하루 멀어져 간다
매일 이별하며 살고 있구나
매일 이별하며 살고 있구나

점점 더 멀어져 간다
머물러 있는 청춘인 줄 알았는데
비어가는 내 가슴 속엔
더 아무 것도 찾을 수 없네

계절은 다시 돌아 오지만
떠나간 내 사랑은 어디에
내가 떠나 보낸 것도 아닌데
내가 떠나 온 것도 아닌데

중략–김광석 서른 즈음에 중에서

이 노래를 들으면서 사람의 마음을 파고드는 김광석의 목소리도 좋지만 어떻게 서른 즈음에 저런 느낌의 인생을 살 수 있지? 나는 도대체 뭐 한거야? 서른 밖에 안 된 청춘이 "머물러 있는 청춘인 줄 알았는데"라고 아쉬워 할 수 있을까? 서른 즈음에가 아니라 예순 즈음이 나에겐 맞을 듯 싶다. 예순이 되어서야 남들 서른 즈음의 생각을 하는 나의 모습이 차창에 비껴있다.

이 노래에 예순인 나는 나그네가 되어 이렇게 화답해 본다.

예순, 넥타이를 매며

오늘 아침 거울 속엔
아버지가 서 있었어요
깜짝 놀라
흐린 눈을 힘주어 보니
그제서야 낯선 내가

나를 보고 있네요
넥타이만 바라 보느라
우리는 얼굴 한번 마주하지 못하고 지금까지 살아 왔어요
그러나 당신은 줄곧 날 보고 있었겠지요
아침마다 마주하는
거울속의 당신에게
따스한 눈길 한번 주지 못하고
미안하단 말도 한번 못했거든요
이젠 처음 만난 것처럼
어깨를 바로 세우고
당신에게 살며시 웃어 줄게요
그대여 수고했어요
우리 눈물 지우고
눈 마주치며 살아요
새날은 언제나 누구에게나
가슴 뛰는 선물이니까요
오늘부턴 내가 당신에게
고운 넥타이를 매어 줄게요

– 예순, 넥타이를 매며 – 이철우 時–

운남성 大里에는 창산(苍山)과 얼하이(洱海)가 있다면 西昌에는 량산(凉山)과 치옹하이(邛海)가 있다. 따리(大理)는 소수민족 백족(白族) 자치주이고 서창(西昌)은 이족(彝族)자치주다. 산과 호수, 넓은 들, 사람들이 자연스럽게 모여 사는 가장 큰 조건이다. 사천성, 운남성을 가다보면 그 규모는 천차만별이지만 사람들 특히 소수민족들의 자치주는 모두 이런 자연환경을 가지고 있다.

판지화로 가는 길에 잠깐 들른 서창은 내가 도착하기 20여 일 전 4월 4일 큰 산불이 났다. 중국정부가 애도의 날을 선포하기까지 한 대

형 산불이었다. 31명의 20대 소방관들이 목숨을 잃은 큰 산불이었다. 멀리 치옹하이(邛海) 건너편의 산들이 불에 탄 채 그을려 있었다.

같은 시기 강원도 고성에도 큰 산불이 났다. 소방관 1명이 숨지고 많은 이재민을 내고 지금도 그 상처가 아물지 않고 있다. 내가 귀국해서도 제일 먼저 가본 곳이 고성 산불현장이다. 서창의 산불은 고성 산불에 비할 수 없이 큰

새벽에 도착한 서창역

서창의 치옹하이

치옹하이의 노인상

산불이었다. 특히 소방관들이 30여 명이나 목숨을 잃은 안타까운 산불이었다. 당시의 상황을 들어보려고 호숫가 사람들에게 물어보았지만 큰 산불이 있었다는 건 알지만 사람이 죽은 건 대부분 모르고 있었다. 아니 알면서도 죽은 사람이 없다고 하는지도 모르겠다. 중국 사람들이 침묵하는 이유는 더 이상 묻지 않았다. 호숫가엔 호수의 수신령인 듯한 이 할아버지만이 먼 산을 건너다보며 알 수 없는 표정을 짓고 있다.

금사강의 최대 지류인 야롱강(雅砻江)이 만든 치옹하이(邛海) 습지 공원을 둘러보고 판지화로 가기 위해 시내버스를 탔는데 중국에 와서 처음으로 보통화와 소수민족 말로 시내버스 안내 방송하는 걸 들었다. 보통 대부분 지역은 보통화로 하는데 말이다.

서창의 시내버스

야롱강(雅砻江)은 청해성의 파안카라산(巴颜喀拉山)에서 발원해서 1,500 km를 금사강과 나란히 남으로 흘러 판지화에서 금사강과 합류하는 강이다. 사천성 고원 구간을 흘러오는 야롱강은 사천성의 젖줄이다. 이제 야롱강 하류를 따라 가는 길이 판지화로 가는 길이다. 이는 판지화로부터 장강 상류까지 1500여 km가 남았다는 뜻이다.

판지화(攀枝花)!

목면과의 나무이며 英雄树로 불리는 붉은 꽃이 피는 나무다. 꽃은 2월에서 3월 사이에 피는데 아쉽게도 내가 판지화에 도착하니 꽃은 모두 져버리고 없다. 중국의 수많은 도시 이름 중 꽃나무를 도시의 이름으로 사용하는 도시는 판지화가 유일하다. 원래 판지화시는 1987년 이전까지는 도구시(渡口市)였다. 渡口는 사실 지명이라기 보다는 지형을 말하는 용어다. 사람도 자라면서 자신의 이름이 마음에 들지 않아 개명하는 것처럼 판지화도 그렇게 개명을 한 것이다. 아무튼 판지화는 꽃처럼 예쁜 이름을 얻었다. 판지화가 필 무렵 이 도시는 날씨가 가장 좋다.

판지화 나무

판지화에 들어서면서 이렇게 강과 산밖에 없는데 어떻게 도시가

꽃으로 뒤덮인 판지화

장강의 샛강과 판지화 시내

만들어졌을까? 하는 생각부터 드는 도시다. 단 한 뼘의 평지가 없는 도시 판지화 그럼에도 이 도시는 이런 풍모를 자랑한다. 중국 4대 광산(철광), 풍부한 수력 발전, 망고 등 아열대 과일 농업 등이 판지화를 삶의 질이 높은 도시로 만들었다.

장강은 깊고 푸르고 빠르게 흐른다. 그러나 장강으로 흘러드는 샛강은 군데군데 수변공간으로 조성해서 쾌적한 주거단지로 만들었다. 특히 날씨가 더운 탓에 야간에는 수많은 사람들이 나와 운동, 댄스, 조깅, 산책 등 너무 평화로워 보인다.

도시를 전공하는 사람은 꼭 판지화를 한번 가보길 권한다. 그것도 산악지형인 우리나라가 일찍 배웠으면 하는 마음이 들었다. 판지화에 다시 한번 가보고 싶다. 판지화 사람들은 편안해 보이고 시내버스에서도 자리 양보도 잘하고, 대화도 타인에게 들리지 않게 조곤조곤 한다. 왜 그럴까? 다른 도시의 중국 사람들과 왜 다를까? 이런 생각을 되뇌이며 운남성을 향해 간다. 이제 장강은 판지화를 기점으로 정북으로 운남성과 청해성을 향해 올라간다. 6500여 km 중에 1500여 km가 남았다.

저녁 운동을 하는 시민들

산으로 둘러싸인 판지화

판지화의 야경

21 운남성 차마고도가 장강(금사강)이다

나의 운남성 여행은 2007년부터 시작되었다. 2007년 1년여를 운남성만 다녔다. 쿤밍을 베이스캠프로 文山, 河口, 베트남 방면과 옥계(玉溪), 푸얼(普洱), 징홍(景洪), 라오스 방면 그리고 북쪽으로 따리(大理) 리장(丽江) 샹그리라(香格里拉) 더친(德钦)이다. 운남성엔 서쪽으로 노강(怒江)과 란창강(澜沧江)그리고 홍허(红河)가 흐른다. 동쪽으로는 금사강이 사천성 판지화로 흐른다.

나에게 윈난은 냄새가 다르다. 처음 쿤밍 공항에 도착해서 내렸을 때 훅 코밑에 몰려온 그 냄새는 몇 번이고 갔어도 그 때마다 똑같은 그 윈난 냄새였다. 인도에서 느꼈던 강렬함도 아니고 동남아에게 맡았던 묘한 풀냄새도 아닌 윈난의 냄새다.

얼하이는 운남성에서 두 번째로 큰 호수다. 운남 사람들과 일부 서쪽 사천성 사람들은 호수를 바다라 부른다. 다른데도 마찬가지 보통 장강 중류 아래에서는 湖라 부르고 장강 중류, 상류에서는 海라 부른다. 왜일까? 바다가 먼 그들에게 그 큰 호수들은 바다가 주는 것을 다

따리의 창산과 얼하이

주기 때문인지도 모른다. 지질학적으로도 대부분 바다가 융기해서 만들어진 호수다. 고도가 높아질수록 호수들은 염도가 높다. 남은 장강 여행은 이 따리에서 운남성을 떠나 차마고도를 따라 청해성으로 간다.

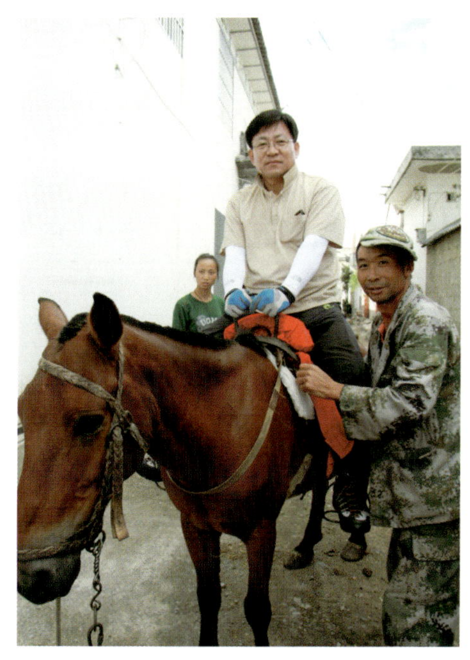

이 말을 타고 창산을 올랐다

창산과 얼하이, 얼하이와 창산은 서로 떼려야 뗄 수 없는 짝이다. 창산은 히말라야가 남으로 내려와 이제야 비로소 사람들 품으로 온 그런 산이다. 여기부터 어쩌면 차마고도의 시작이라 볼 수 있다. 그 산의 물길이 모여 얼하이를 만들고 이는

양비강(漾濞江)을 통해 란창강으로 흐른다. 란창강은 메콩강의 원난류이고 금사강은 장강의 상류쪽 이름이다.

운남성 푸얼지역 등에서 만들어진 차들은 쿤밍에서 크게 한번 모아

가마우지로 물고기를 잡는 원주민

지고 이 차는 마방들을 통해 따리(大理), 리장(丽江), 더친(德钦), 빠탕(巴塘)으로 옮겨진다. 따리까지 온 마방들은 이를 은과 바꿔 돌아가고 다시 차는 리장, 더친으로 가서 소금과 같은 필요한 것들로 바뀌고 계속하여 차는 빠탕으로 가서 다시 금사강을 건너 라싸로 간다. 이 때 말과 차가 교환되는 것이다. 이 차마고도 구간이 장강, 금사강의 상류이다. 금사강은 리장의 옥룡설산을 만나면서 그 세찬 흐름이 벽에 부딪힌다.

금사강의 호도협

남으로 내닫던 거센 물살도 처음으로 돌아가는 법을 배워야 하는 곳, 그곳이 옥룡설산을 마주한 금사강이다. 바로 그곳이 호도협이다.

호도협의 티벳 객잔

장족의 수유차 만들기

장족 린씨의 집

거침없을 줄 알았던 물길도 산을 넘지 못함은 산과 물이 존재하는 방식이다. 금사강은 옥룡설산을 에둘러 가느라 며칠 길을 돌아 리장을 지나 판지화로 가는 것이다.

호도협을 지나 샹그리라에서 나는 Lin(林)이라는 장족의 집에서 이틀을 유숙했다.

따리의 한 교회에 들러 그동안의 무사한 여행에 감사하고 남은 여정 함께 할 신의 가호를 빌면서 기도한 한국의 기독교인이 독실한 장족(티벳)불교를 섬기는 린의 집에서 묵는다는 게 가슴이 설렐 정도로 이방의 분위기가 묘

장족 린씨 부부와 함께

아침마다 연기를 피우며 기도하는 린씨

한 느낌이었다. 나는 조심스럽게 집안 물건 하나하나 그 가족들의 몸짓, 말짓 하나하나를 온 신경을 곤두세우고 바라보았다. 린씨는 샹그리라 장족 자치주에 사는 비교적 부유한 사람이다. 장족의 집들이 대부분 크지만 린씨의 집도 사뭇 커 보인다. 나무로 된 기둥 하나가 한아름은 족히 되는 정도이니 대저택이다. 그는 매일 아침 장족들이 그러하듯이 대문 위에 만들어진 제단에 연기를 피우며 기도를 한다. 한참을 무언가 주문을 외우며 불을 피운다. 기도가 끝나고 아침 식사를 하면서 나는 린씨에게 무슨 기도를 하느냐 물었다. 가족과 마을의 안녕과 세계평화를 위해 기도한단다. 세계평화까지? 그가 원하는 세계평화는 어떤 모습일까? 샹그리라는 영국의 작가 제임스 힐튼의 '잃어버린 지평선'이라는 소설에 나오는 '지상낙원'이다. 그것이 히말라야 어디쯤이라 했는데 바로 이곳 중전현(中甸县)이 샹그리라(香格里拉)로 불리게 되었고 2000년 초 정식 지명이 되었다. 인류가 꿈꾸는 평화로운 낙원 그것을 린씨도 꿈꾸고 소망하는 걸까?

샹그리라는 건당(建塘)으로 사천성의 리당(理塘), 파당(巴塘)과 더불어 3대 장족왕의 세 아들의 영지였다.

나는 매일 아침 그렇게 오랜 시간 기도하고 있는가? 그가 믿는 신이 나와 얼마나 다를까? 기도를 마친 린씨의 얼굴은 온화한 미소가 가득하다. 간절한 기도를 할 수 있는 사람은 결코 다른 이의 평화를 깨지 않는다. 아니 평화를 방해하는 모든 것을 싫어하고 멀리하고 사라지길 바랄 것이다. 린씨집 앞산에 써놓은 평화의 염원이 바로 장족어로는 '心中明', 마음속의 해와 달이란다. 평화! 인간이란 욕망의 존재에겐 마음속에나 있는 해와 달이 아닐까? 생각하면서 매리설산이 있는 더친(德欽)으로 향한다.

장족 순례자 부부

차마고도를 따라 더친으로 올라가는 길에 만난 금사강은 운남성 최북단의 장강이다. 매리설산의 만년설은 노강과 란창강, 그리고 금사강으로 녹아 흐른다.

이 고개마루를 넘어야 더친이다.

금사제일만

더친으로 넘어가는 분수령

차마고도

이 산길이 차마고도이고 금사강은 길을 안내한다.

이 벼랑끝 길이 마방들이 다니던 차마고도이다. 이 길을 따라 올라가면 사천성 巴塘에 닿는다.

야크 목동의 움막에서 차 한잔 나누며 이들의 삶의 이야기를 듣는다.

이제는 사라져가는 마방들을 만났다.

이렇게 금사강을 따라 위로 위로 천장공로의 시작점 사천성의 巴塘으로 간다. 더친에서 요즘은 차로 하루 종일 가야 하는 거리다. 왜 사람들은 저 길을 갔을까? 나는 왜 이길을 가고 있을까? 매리설산이 바로 보이는 객잔에서 이렇게 내 마음을 적어본다.

야크 목동의 움막에서

사라져가는 마방들

蛙声一片

身在长江畔, (몸은 장강에 있으나)
心系故乡间。(마음은 언제나 떠나온 고향에 있다)
英豪无所觅, (아 인물이 어디 있으며)
人杰鲜踪迹。(인걸은 다 어디 숨었나?)
血泪纵流遍, (피흘리고 눈물 흘려도)
何人与拂干。(닦아줄 이 없고)
无处寻慰藉, (위로해줄 이도 없구나)
民仍在叹嗟。(이 백성이 또 피를 흘리고 눈물을 흘려야하나)
我无能为力, (내가 어찌 할 수 없으니)
只剩余惋惜。(안타까운 마음 뿐)
听蛙声一片, (창밖에 개구리 소리는)
似百姓呐喊。(백성들의 아우성 소리 같구나)

(2019. 5. 운남성 더친에서)

운남 고원에서

천장공로(川藏公路)의 시작 동티벳 빠탕(巴塘)

티벳방송(西藏TV)에서 건국 70주년 기념 티벳의 발전사를 방영했다. 1949년 중화인민공화국을 건국하고 중국은 티벳을 중국영토로 편입했다. 티벳의 달라이라마는 티벳의 독립을 주장하며 싸웠지만 인도로 망명하면서 티벳은 1955년 이후 완전히 중국의 자치주가 되었다. 중국은 1955년 천장공로를 개설하여 티벳과 사천성을 연결하고 이어 1965년 티벳 항공을 취항한다. 천장공로의 개통, 학교, 병원, 공장 및 각종 산업시설을 세우고 문화예술의 전파를 진행한다. 그리하여 70여 년이 지난 지금 티벳은 매우 살기 좋아졌다는 다큐 프로였다. 티벳인들에게 물어보자. "과연 당신들은 70년 전보다 지금이 훨씬 좋습니까?"

우리의 70년 전은 어땠을까? 일제가 물러가고 남북이 분단되고 전쟁의 폐허 위에 백성들의 삶은 피폐하기 이를 데 없었다. 길을 뚫고 전기를 만들고 철도를 놓고 학교, 병원, 공장, 그리고 각종 문화예술... 우리도 몰라보게 달라지지 않았는가? 한강의 기적이라고 하지 않는가? 그러나 중국의 개혁개방 이후의 양적인 경제 성장은 우리의 기적보다 훨씬 크다.

한국사람들의 대부분은 지금 티벳인들이 지금 독립을 원하고 있고 경제성장의 이면에 자신의 정체성을 잃어가는 것을 안타까워하고 있다고 생각한다. 그러면 한국인들은 자신의 정체성을 잘 지키고 행복한 민족으로 살고 있는가? 이런 물음을 하면서 빠탕(巴塘)으로 발걸음을 옮긴다. 운남성 더친에서 사천성 빠탕은 강물은 이어져 있지만 차편이 없다. 그래서 사천성 깐즈의 주정부가 있는 캉딩으로 가서 버스로 빠탕으로 갔다. 사천성 한가운데를 가로질러 서쪽으로 가는 여정이다. 버스로 12시간을 가는 험난한 길이다. 샹그리라가 있는 지역을 건당(建塘)이라했고 파당(巴塘) 가는 길에 리당(理塘)이 있다. 옛 장(藏)왕의 세 아들의 영지를 모두 들러보는 여정이다.

캉딩(康定)에서는 무거추어(木格措)를 보고 가기로 했다. 해발 4~5천 미터 위에 호수가 있고 그 호수에서 계곡이 내려오는 절경이다. 5월인데 두견화(진달래)가 만발했고 아직은 추위를 느낄 만큼 서늘한 봄이었다. 이 아름다운 호수와 계곡과 멀리 보이는 설산을 보면서 중국의 자연관리 시스템을 유심히 살펴보았다. 모든 관광객은 입구에 차를 주차하고 공원이 제공하는 버스를 탄다. 그 외에는 어떤 차량도 진입할 수 없다. 그리고 계곡이나 호수에는 개인적으로 음식이나 물건을 팔 수 없다. 한국의 계곡과 비교해보면 완전히 차이가 나

동티벳 빠탕 행버스

캉딩의 무거추어 호수

무거추어 계곡

캉딩의 터미널

는 대목이다. 이렇게 하니 아무리 많은 사람이 와도 계곡은 더럽혀지지 않는다.

아름다운 무거추어(木格措)를 뒤로 하고 캉딩에서 빠탕행 새벽 버스를 탔다. 밤새 눈이 많이 와서 출발이 4시간이나 늦어져 8시간 걸리는 여정이 12시간 여정이 되었다. 버스터미널에 차를 기다리는 사람들은 태연하다. 모두 그러려니 한다. 그게 중국이다.

갑작스런 눈으로 4500 m를 넘는 도로가 꽉 막혀있다.

그러나 현지 사람들도 5월 말의 눈은 쉽게 볼 수 없는 절경이란다. 사천성 캉딩과 빠탕을 거쳐 티벳의 망캉으로 가는 차마고도의 천장남로이다. 천장북로는 간즈와 더꺼를 거쳐 티벳의 창더로 가는 길이다. 천장남로를 버스로 가면서 속으로 이런 생각을 했다. 나에게 '사천성과 상해 중에 어떤 성을 가질래?'라고 묻는다면 나는 주저 없이 사천성이라 답할 것이다. 해발 2~4천 미터의 초원이 하루종일 펼쳐지는

눈 속에 막힌 도로

대형 공산당 선전 구호

빠탕 시내

사천성 천장남로 캉딩과 빠탕구간을 지나면서 든 생각이다. 동티벳 理塘으로 너어가는 길목에 이런 구호를 산에 써 놓았다.

'感党恩爱祖国奔小康'(당의 은혜에 감사하고 조국을 사랑하고 살기 좋은 사회로!)

위에는 장족 언어로 써 놓았는데 왠지 어울리지 않는 느낌이 들었다.

사천성의 진면목을 구경하면서 언제 12시간이 지나갔는지 모를 정도였다. 이 드넓은 장족의 땅, 한 장족 안내인이 장족이 살고있는 땅이 중국의 3분의 1이라 말한다.

밤 늦게야 빠탕에 도착했다. 장족지역이지만 호텔의 관리인들은 한족이다. 빠탕은 티벳의 망캉과 금사강을 사이에 두고 있는 현이다. 숭명도를 출발한지 3개월 만에 5000 km 상류에 올라왔다. 빠탕의 금사강은 작년(2018년)의 대홍수로 인해 완전히 망가져 있었다. 한창 복구중이었으나 당시의 수해가 어느 정도인지 가늠하기 힘들 정도였다. 이 강의 상류에는 이제 사천성 더꺼(德格)와 청해성 위슈(玉树)만

대홍수로 끊어진 길

남았다. 이 구간 역시 대중교통이 없다.

이제 남은 구간은 사천성 더꺼(德格)를 거쳐 청해성 위슈(玉树)로 가야 장강원두(长江源头)에 갈 수 있는데 티벳을 통과하지 않고 갈 수가 없어 여정은 티벳을 먼저 들어가 청해성으로 나올 수 밖에 없었다. 빠탕에서 다시 버스로 청뚜로 돌아와 티벳을 가기로 했다. 장강의 최상류는 사람들의 발길을 쉽게 허락지 않는다. 돌아오는 길에 장족의 한 지식인을 만났다. 그의 소회를 들으면서 동티벳 금사강의 그 회색의 빛깔을 다시금 떠올려본다. 그는 이렇게 힘주어 말한다. "장족(藏族)은 라싸부터 구채구까지 그리고 신장 청해성까지 어찌 보면 중국의 3분의 1을 차지하는 면적을 실제적으로 관리하는 민족입니다. 그러므로 55개 민족 중 제1이요, 위대한 민족입니다. 우리는 깊은 종교와 언어가 있고 장구한 문화가 있습니다. 그러나 그것이 점점 희미해져 가고 있습니다." 라고 힘주어 말하는 그의 눈빛은 흔들리고 있었다.

청뚜에서 중국교회를 보다

내가 한국을 떠날 때 한국 교회의 모습은 어떠했나? 대형교회는 세습과 교권을 둘러싼 갈등을 세상의 법에 그 판단을 의뢰하고 중 · 소형교회들은 교회 이기주의에 사로잡힌 줄 모르고 농촌의 작은 교회나 도시의 빈민교회는 자취를 감추고 있으며 교회의 연합과 일치도 분단 사회의 양극화된 모습을 그대로 투영하고 있었다.

무신론자 아인슈타인은 사실 교회와 신의 존재를 부정하거나 폄하하고 있었다. 그러나 나치하의 교회의 모습을 보면서 아인슈타인은 교회에 경의를 표한다고 고백했다. 교회, 신앙은 결국 실천으로 그 존재를 증명하는 것이다. 그 상징이 십자가요 예수 아니겠는가?

바울은 어느 한군데에 정착하여 목회하지 않았다. 로마를 향하여 아니 스페인을 향하여 나아갔다. 한국의 기독교인들은 중국이 이 시대의 마지막 전도지라고 생각한다. 수많은 선교사들이 자신의 신분을 위장하며 중국 선교를 떠났고 지금은 거의 추방당했다. 종교의 자유가 없는 나라라고 알고 있는 중국, 그 중국의 종교, 그 중 기독교를 보는 것도 이번 여행의 큰 테마 중의 하나였다. 상해 숭명도를 출발해서 1백 여 개가 넘는 도시들을 갈 때마다 나는 교회를 찾았다. 그 중 한국인 교회는 단 하나였고 모두 중국 현지교회를 갔었다.

티벳 청해성을 가기위해 나는 다시 사천성의 성도인 청뚜를 와야 했다. 청뚜에서 민강을 따라 홍원(구채구)까지 갔다가 다시 사천성 광안(广安) 등소평의 고향을 거쳐 서안으로 가는 일정을 잡았다. 주말 나는 청뚜에서 가장 큰 성공회 계열의 교회를 갔다. 토요일 오후 교회를 둘러보고 다음 날은 예배에 참석해 볼 요량이었다. 1층에는 잠언서

청뚜의 교회 상선당

원(箴言书院)이라는 카페 겸 도서실이 있었다. 이 교회는 100년이 넘는 역사와 지금은 사천성 문화유적으로 지정되어 있기도 한 사천성에서 제일 크고 오래 된 교회다. 교회 게시판에는 2018년 개정된 종교사무 조례가 게시되어있고 입구에는 헌금함도 있었다. 2019년 5월 18일 광주 5.18 민주항쟁기념일. 아침부터 이 교회에 가서 조용히 기도했다. "하나님, 오늘은 39년 전 조국의 수많은 백성들이 피 흘린 날입니다. 우리 민족을 긍휼히 여기사 다시는 피의 전쟁이 없는 민족이 되게 하여 주시옵소서. 나는 분단된 조국과 섞이지 못하고 이방 땅을 떠돌고 있지만 하나님이 함께 하심을 믿으며 내 눈과 입이 곧 하나님의 생각을 보고 말할 때를 기다립니다. 이 교회에도 하나님의 숨결이 늘 숨쉬게하여 주시옵소서. 아멘." 이런 기도를 하고 나니 어느덧 토요일

교회에서 운영하는 카페 간판

카페에 있는 서가

헌금함

오전 예배 시간이 되었다. 사람들이 자리를 메우고 예배가 시작되었다. 예배의 순서는 놀랍게도 우리의 그것과 거의 같았다. 그들은 기독교의 핵심교리인 천지 창조와 부활과 영생을 고백하고 있었다. 이것은 한국인, 그것도 한국의 기독교인들이 대부분 알고 있는 중국의 교회와는 사뭇 다르다. 예배가 끝나도 많은 사람들은 강단 앞에 엎드려 소리 높여 기도하는 뜨거움도 있었다. 내가 다니는 교회보다 훨씬 모이기에 힘쓰고 뜨거운 예배였음을 나는 고백한다.

중국의 종교 사무조례엔 이렇게 규정되어있다. “모든 공민은 종교의 자유가 있다. 그리고 종교를 믿지 않을 자유도 있다. 그러므로 종교를 강요할 수 없다. 그리고 모든 종교는 국가의 안위와 발전에 함께 해야 한다.” 이것이 핵심 강령이다.

외국인의 중국인 선교나 교회 설립 등은 금지된다. 사실 이것을 가지고 종교의 자유가 없다고 하는 것 아닌가? 그렇다면 한국의 헌법을 부정하고 한국 정부를 반대하는 외국의 종교가 과연 한국에서 선교의 자유를 누릴 수 있을까? 미국에서 미국의 헌법과 미국의 안보를 흔드는 종교의 자유가 과연 가능할까? 소위 삼자교회를 말하지만 어느 나라 교회가 애국운동을 하지 않는 교회가 있었던가?

기독교는 각 나라에서 각기 다른 모양으로 존재한다. 그러나 그것은 존재 양식일 뿐 기독교의 정신은 훼손되지 않는다. 중국 교회와 한국교회 중 어느 교회가 더 우월할까? 우문일 수도 있다. 아무리 삼자교회라도 그들의 마음속에는 시진핑도 가이사일 수 밖에 없을테니까.

예배당을 가득 메운 주일 예배

주일예배 안내

예배 후 엎드려 기도하는 사람들

상선당의 목사님과 함께

토요 예배가 끝나고 마침 결혼식이 있어서 너무 재밌게, 그리고 나도 축하객이 되어서 함께 결혼 예배를 드렸다.

나는 주일 예배를 기다리며 주말을 보냈다. 주일 예배는 2000여 명이 넘는 사람들이 좌석을 꽉 메웠다. 역시 우리의 예배와 크게 다르지 않았다 예배가 끝나도 많은 이들이 강단 앞에 엎드려 기도하며 열기가 뜨거웠다. 과연 강요로 가능한 일인가? 나오면서 이날 설교한 목사님과 잠깐 인사를 나눴다. “나는 한국인이다. 오늘 예배가 참 좋았다.” 그랬더니 그 목사님 曰, “제 설교를 알아들었습니까?” 이렇게 묻는다. 사실 외국인이 중국인 교회의 예배에 참석하는 경우는 거의 없단다. 그 외에도 여러 곳의 교회에서 예배를 드렸다. 크게 다르지는 않았으나 특히 청뚜의 이 교회는 한국의 교회와 그 겉모습이 크게 다르지 않았다. 그런 기독교인들이 중국에 수천만이라는 것이다. 한국 선교사들이 중국엘 가면 과연 공산주의는 나쁘다는 것 이외에 무엇을 가르칠 수 있을까? 아마 중국 교인들이 한국교회의 우스꽝스러운 현실을 보면 자신들이 선교를 해야겠다는 생각을 할지도 모르겠다.

한국 기독교는 분단 신학을 벗어나지 못하고 있다. 많은 보수 교단은 반공은 곧 기독교의 모든 것인 양 기독교의 가치를 궁구하기보다 손쉬운 반공을 택하며 극우정치 집단이 되었고. 대부분의 보수 교단도 오직 개인의 구복과 교회의 안위 이외에는 관심 둘 겨를이 없다. 물론 둘 다 헌법안에서 애국(?)을 하고 있다.

한국 기독교는 자유 민주주의의 선구자이고 그러므로 오늘의 국가 부흥과 기독교 부흥이 있었다고 스스로 믿고 있다. 중국의 기독교도 스스로를 그렇게 생각하고 있을지도 모른다. 중국의 경제 발전이 한국의 그것보다 더 크고 비약적이니까?

한국 종교의 협소한 인식 체계와 한국인들의 신앙 풍습은 기독교도 예외가 아니다. 삼국, 고려 시대 중국의 종교가 불교였다. 조선시대는 중국의 국가체계가 유학이었다. 일제 강점기는 종교의 암흑기였고 그 후 미국의 기독교가 한국 종교의 대세가 아닌가? 또 몇 백 년이 흘러 어느 제국이 세계를 지배한다면 한국은 그 때도 기독교를 지금처럼 믿을까? 어쩌면 교회는, 신앙은 핍박과 고난 속에서 그 참 가치를 발휘하고 생명을 이어나가는 것이라 생각한다. 중국 교회가 핍박과 고난 속에 있다면 방종에 가까운 자유를 누리는 한국교회보다 더 건강할 이유가 있을런지도 모른다. 오히려 사람들은 주술사들에 의해 신이 없음을 믿게 된다. 그리고 주술사들은 늘 신의 존재여부를 의심한다. 그러나 민중은 언제나 믿는다. 자신의 삶이 곧 신이기에. 청뚜의 한 교회에서 나는 5.18예배를 그렇게 은혜롭게 드렸다.

24 중국인들과 함께 하는 단체 관광

사천성에서 장강으로 흘러 들어가는 강 중 두 번째로 큰 강이 민강(岷江)이다. 가장 큰 강은 서부 산악지대를 흘러 판지화로 들어가는 야롱강이다. 민강은 우리가 잘 아는 구채구에서 발원하여 청뚜를 지나 이빈으로 가는 700 km의 큰 강이다. 이 강을 거슬러 올라가면 장강과 황하의 分水嶺이 나온다. 여기서 북으로 가면 白河요 황하의 지류이고 남쪽 사면으로 떨어지는 빗물은 민강이 되어 흐른다. 청뚜에서 황룡 구채구 일정을 중국 단체 관광객과 함께 하게 되었다. 청뚜의 여행사에 가서 민강 투어를 알아봤더니 중국인 단체와 함께 갈 수 있다고 해서 예약을 하였다. 2박 3일의 일정이었는데 버스에는 외국인은 나 하나였다. 모두 중국인들이었는데 각 성에서 사천여행을 온 사람들이었다. 30여 명

장강과 황하의 분수령 표지석

장족의 야크를 타고

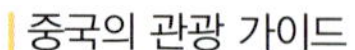

중국의 관광 가이드

장족 판매원과 함께

이 버스 한 대로 2박 3일을 함께하는 여행, 외국인인 나로서는 중국인들을 가까이서 느껴보는 좋은 기회가 되어서 기대가 컸다. 새벽에 사람들은 각자 주어진 장소에 모였는데 부부 아니면 친구가 대부분이었다. 그들도 하북이나 호남 등 다른 성에서 온 사람들이 대부분이라 가이드 없이 여행하는 게 쉬운 일은 아닐 듯 싶다. 가격이 저렴한 면도 크게 작용하겠지만 나로서는 이들을 지켜보는 것만으로도 재미있을 것 같았다. 일전 이창 삼협에서 당일치기 관광을 해 보았지만 교통편을 이용한 것 외에는 큰 의미가 없었던 터였다. 20대 친구, 30~50대 부부가 거의 전부인 단체 관광객 중 혼자 온 사람 또한 나 하나였다. 버스가 출발하고 가이드의 설명이 시작되었는데 도무지 가이드가 마이크를 놓지 않는다. 조금 하다 말겠지 했는데 한 시간은 족히 설명을 하는 것이다. 한국 같으면 이제 좀 그만하라는 사람도 있을 것이고 가이드도 관광객들과 소통하면서 재미있게 진행할 텐데 완전 일방적이다. 이에 항의하거나 문제 제기하는 사람도 없다. 처음이라 이야기할 게 많은가 보다 했는데 끝나는 시간까지 참 열심히(?)도 한다는 생각을 했다. 서로 다른 지역에서 온 사람들끼리 자기소개도 하고 친해질 수 있는 기회를 전혀 만들지 않는다. 또 관광객들끼리도 그다지 친목하지도 않는다. 그저 관광 일정에 맞춰 다니는 일이 전부다. 또 한국과는 달리 사람들이 술을 거의 마시지 않는다. 개인적 취향일 수 있겠으나 한국 단체 관광은 거의 술을 마시기 위한 관광인 경우가 많은

하북성에서 온 젊은 부부

데, 좀 의아했다. 또 하나 중국 단체 관광은 쇼핑 센타를 너무 많이 들른다는 것이다. 여행 후반으로 갈수록 점점 더 심해진다. 나중엔 쇼핑을 왔는지 관광을 왔는지 헷갈릴 정도였다.

중국 사람들이 확실히 다른 사람에겐 별 관심이 없다는 것을 가까이서 보니 더 실감이 난다. 아무튼 나는 2박 3일 동안 중국인 행세를 하면서 1000 km의 민강 투어를 마쳤다. 2박 3일이지만 친하게 지냈던 하북성의 젊은 부부와 장족 마을의 젊은 처자들의 친절함과 순수함이 좋았다.

민강에 있는 발전소

민강은 올라오면서 수십 개의 수력발전소가 있었다. 이는 민강 수전(岷江水电)이라는 회사가 전력 생산을 하는 것이다. 계곡은 발전소와 도로 교각으로 가득 찼다. 이 개발 구간이 지나면 상류는 거의 고랭지 채소를 키우는 배추밭이고 더 거슬러 올라가면 초원 방목지대로 완전히 환경을 보전하는 지역이 나온다. 계곡을 3 등분하면 아래쪽은 전력 생산과 교량으로 모든 하천이 이용되고 있고 중류는 농업, 상류는 목축과 관광이었다.

황하의 흘러가는 백하

홍원의 황룡 초원에 와서 비로소 황하의 한 지류인 白河를 보는 것으로 이번 여행은 의미가 있었다.

사천성의 동쪽 황룡으로부터 운남성, 리장, 동티벳, 티벳, 그리고 신장까지 초원이 있는 고산에는 어김없이 장족이 살고 있다. 그 땅이 중

초원의 야크들

국의 3분의 1이라는 말로 장족들은 자기 민족의 자부심으로 여긴다.

2박 3일의 단체 관광은 역시 피곤하다. 다시 청뚜에서 하루 종일 휴식을 취하고 5월의 마지막 날 나는 사천성의 광안 등소평(邓小平)의 고향으로 발걸음을 옮긴다.

장족의 마을의 상징물

25 思源을 가다-광안(广安)의 작은 거인 덩샤오핑(邓小平)

2019년 10월 1일은 중화인민공화국 건국 70주년이다. 중국에서는 여전히 모택동이 국부다. 문화혁명으로 완벽한(?) 그의 이미지에 상처를 입었지만 여전히 그는 '황제'다. 모택동은 대장정을 이끌었고 중국공산당을 주도 했고 항일전쟁 후 정부를 수립했다. 지금도 마르크스 레닌주의를 계승한 중국식 사회주의라고 표현하는 그 중국식 혁명의 창시자가 바로 모택동이다. 그는 봉건적이고 농민의 비율이 90%가 넘는 중국에서 마르크스-레닌주의 노동자 계급 혁명은 현실에 맞지

광안의 등소평 기념광장 -사원 광장

않는다는 너무도 당연한 현실을 있는 그대로 받아들인 사람이다.

교조주의와 사대주의를 배격하고 절대다수인 중국 농민들의 마음을 산 모택동, 그것이 모택동을 국부로 만든 것이다. 그렇다면 덩사오핑은 누구인가? 중국 현대사의 인물 중 최고의 인물, 중국의 오늘을 설계한 인물, 바로 등소평이다. 그에게도 모택동의 문화혁명 같은 흠결인 천안문 사건이 있지만 그것이 그의 모든 사상과 업적을 지워버릴 수 없음은 모택동과 같다. '思源'! 등소평의 고향 광안(广安)을 이르는 말이다. 사상의 원천이라는 뜻이다. 광안의 등소평 광장의 이름이 바로 사원광장(思源广场)이다. 사상의 원천, 바로 영웅의 삶을 이르는 말일 것이다. 사원광장의 '실사구시(实事求是)' 보정(宝鼎)은 광안 사람들의 자랑이다.

사원광장의 보정

중국 사람들은 이 다리가 세 개 달린 솥을 유난히 좋아한다. 이는 주역의 '鼎'으로 64괘 중 50번 째 괘인데 성현을 길러내는, 즉 백성을 이롭게 하는 괘로 그 유래가 있는 조형물이다. 이 솥단지는 등소평 고향 사람들의 자부심이다. 이 어마어마하게 큰 솥단지 앞에서 여기다 밥을 지으면 광안 사람이 먹고도 남을 것 같다는 생각을 했다.

나는 2년 전 촛불혁명을 목격하고 중국으로 갔다. 민심이 떠난 정권은 언제든지 바뀔 수 있다는 주역의 '革'괘가 이 '鼎'괘의 바로 앞 49번째 괘이다. 촛불혁명 이후에도 별로 변하지 않는 한국의 상황을 보면서 이런 생각을 했다. 촛불은 세상을 밝힐 순 있어도 태울 수는 없고 횃불은 세상을 태울 수는 있어도 밥을 지을 수는 없다. 오직 아궁이의 불만이 솥단지의 밥을 지을 수 있다.

이 보정(宝鼎) 맞은편 길 건너에는 사회주의 핵심가치 12가지가 큼지막하게 걸려있다.

> 国家는 부강(富强), 민주(民主), 문명(文明), 화해(和谐)
> 社会는 자유(自由), 평등(平等), 공정(公正), 법치(法治)
> 公民은 애국(爱国), 경업(敬业), 성신(诚信), 우선(友善)

이 구호는 지금 중국 전역 어디에서나 볼 수 있는 구호이다. 이걸

중국식 사회주의의 핵심가치

보면서 문득 성경에 나오는 성령의 9가지 열매가 떠올랐다. 사랑, 희락, 화평, 오래 참음, 양선, 자비, 충성, 온유, 절제. 중국 공산당은 이 12가지 핵심가치를 신종교사무조례에서 모든 종교는 이 가치를 실현하는 데 복무해야 한다고 규정하고 있다. 어디에 나쁜 말이 있는가? 종교 아니라 어떤 가치도 이를 거부할 필요가 있을까?

모택동의 농민혁명론(신민주주의론)은 당시 마르크스-레닌주의의 계급주의 혁명론을 교조적으로 숭배하는 지식인 혁명가들과는 완전히 다른 발상이었다. 지금 생각하면 당연한 것인데 그 당시에는 위대한 발상이었던 것이다. 마치 콜럼버스의 달걀처럼 말이다. 이 세상 모든 위대한 생각들도 마찬가지 아닐까?

등소평의 개혁개방 역시 문화혁명으로 중국이 흔들리고 있을 때 결국 지금 생각하면 너무도 당연한 개혁개방을 한 것이다. 이는 마치 지금은 수사기관이 누구에게도 뺨 한대 때리면서 진술을 강요할 수

| 장강으로 흐르는 渠江

없지만 한 세대 전 만해도 고문은 일상이었다. 또 요즘 아이들이 5G 최신폰이 자신의 손에 들려있는 게 너무도 당연한 것처럼 말이다. 그러나 고문 없는 세상을 위해서 고문을 당한 사람, 5G 시대를 위해 이노베이션 한 사람, 지금은 너무나도 했어야만 하는 개혁개방 이 모든 것들이 당시에는 일반인은 상상하기 힘든 생각, 즉 사상의 위대함을 가진 사람들의 몫이었다. 思源광장은 바로 이런 것들을 기리는 것이다.

지금 중국이 가고 있는 '신시대(新时代)'는 과연 모택동과 등소평의 이 발상을 이어갈 수 있을까?

| 등소평의 고향 마을 입구

등소평 숲의 기념식수 표지

등소평의 고향은 편안한 구릉 지역의 농촌이다. 밭농사와 논농사가 어우러진 평범한 농촌이다. 등소평은 녹화사업에 가장 열정을 쏟은 지도자로 유명하다. 그의 유품 중에 이 삽이 눈길을 끄는데 바로 등소평이 나무 심을 때 사용했던 삽이란다. 등소평의 고향 일대를 숲으로 가꾸었는데 입구에서부터 중국의 각 성, 유명인, 기업들이 식수를 하고 자신들의 숲이라 명명한 나무들로 꾸며져 있다.

등소평 기념관 벽면에 써 있는 자신의 글씨가 고향에 이렇게 남아 뭇 사람들의 가슴에 전한다는 것 참 부럽고 가슴 뛰는 일이다. 사실 등소평은 이 광안에서 15세까지 살았다. 1919년 5.4운동, 우리는 3.1운동이 나던 해인 1920년까지 충칭에 잠깐 머물다 프랑스 파리로 간

소평의 삽

소평의 글씨

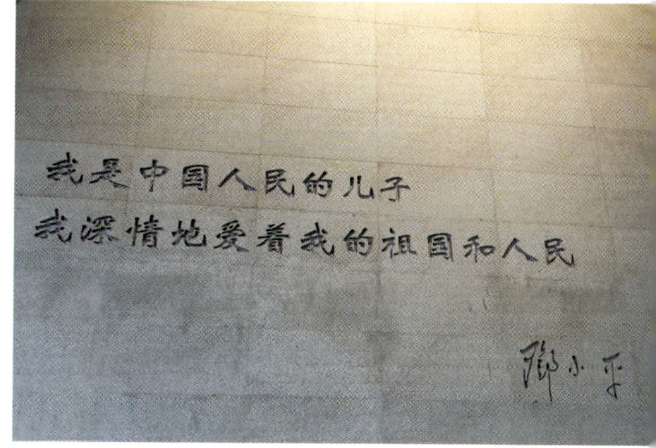

모택동과 등소평

다. 고향을 위한다면 고향을 떠나라. 조국을 위한다면 조국을 떠나라. 그러면 고향과 조국의 현실이 잘 보일 것이고 넓은 곳에서 그와 같은 마음을 가진 동지를 만날 것이다. 이런 생각을 하며 고향과 조국을 떠

전시된 등소평의 모자

등소평의 모자를 쓴 필자

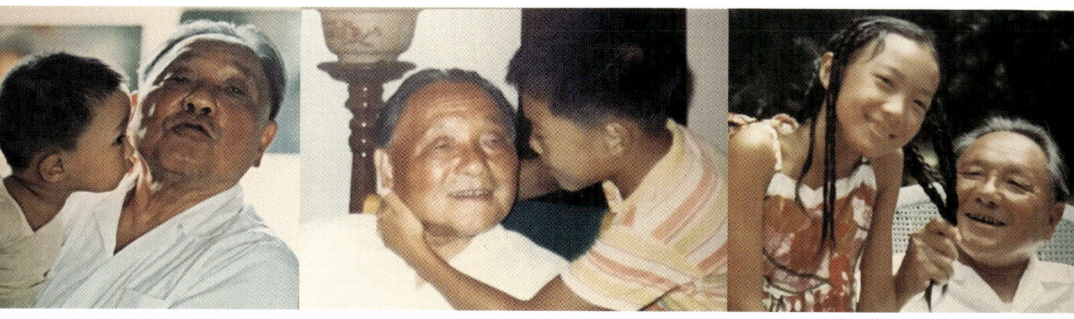

등소평의 가족사진

난 나를 위안한다.

등소평은 위대한 동지 모택동을 만난다. 모택동은 등소평을 낳았다. 등소평은 모택동을 이기려하지 않았다. 둘은 권력 투쟁의 와중에도 서로를 보호해주었다. 모택동이 지식인 출신 유소기를 대하는 것과는 정반대로 등소평을 대했다. 문화혁명 당시 등소평은 강서성의 南昌에서 유배 생활을 할 때에도 모택동이 자신을 버리지 않을 것이란 믿음이 있었다고 한다. 그것은 얼마 지나지 않아 복권됨으로 증명이 되었다.

등소평이 썼던 모자와 똑같은 모자를 써 보았다. 등소평은 작은 거인이었지만 그 개인 삶은 검소하고 소박하고 서민적이며 가족을 유난히 사랑하는 사람이었다. 이것이 위인의 조건 아닐까 싶다. 등소평의 고향을 떠나며 '영웅이란 죽어서도 고향사람을 먹여 살리는 사람이다'라고 생각했다.

나가는 길에도 물밀 듯이 들어오는 사람들, 일년 내내 얼마나 많은 사람들이 와서 광안 사람들을 먹여 살리는가 말이다. 등소평의 배웅을 받으며 나는 티벳 가는 비행기를 타기 위해 西安기차를 탄다.

26 西安에서 티벳을 기다리다

나의 장강 여행은 이제 청해성 구간만을 남기고 거의 끝이 났다. 6,500 km 중에서 5500 km를 100여 일 만에 마치고 이제 티벳으로 들어가서 청해성으로 나오는 여행길을 떠나려 서안으로 향한다. 사실 티벳은 외국인의 단독 여행을 허락하지 않는다. 그 이유가 무엇일까? 중국인들도 티벳 여행은 그 심사가 까다롭다. 동티벳(사천성 서부)으로 갈수록 내국인들은 신분증 검사가 잦아진다. 대중교통인 시외버스를 타고 가다보면 검문소에서 모든 승객의 신분증을 버스 기사가 걷어서 검문소에서 일일이 신분증 대조를 한다. 서부로 갈수록 이런 일이 많아진다. 하물며 외국인에서랴?

티벳의 단독 여행이 불가능해서 나는 인터넷으로 티벳 여행 동호인을 모집하는 사이트를 찾아 어렵사리 티벳 여행을 하는 동호인 그룹에 합류하게 되었다. 나까지 9명이 10일 동안 티벳을 함께 여행하고 청해성으로 나와서는 각자 자유 여행을 하는 원포인트 여행 모임이다. 티벳 입경은 이렇게 해결되었고 그 출발 날짜가 6월 20일이고 출발지는 서안의 함양 공항이다. 등소평의 고향 광안에서 섬서성 시안(西安)은 직접 가는 열차가 없어 南充이라는 사천성의 2대 도시로 가서 시안가는 열차를 탄다. 南充서 시안은 일반 열차로는 8시간, 고속철로는 4시간 정도의 거리다.

미국과 중국은 땅 덩어리가 비슷하게 크다. 미국의 교통 수단은 주로 자동차와 고속도로다. 그리고 장거리는 항공 노선이 전 지역에 연결되어 있다. 중국은 철도다. 지금은 고속철 시대다. 처음 고속철은 2008년 북경과 천진간 120 km 고속철이었다. 이후 10년 만에 3만km

티벳 4000 m에 있는 고압선로

로 폭발적으로 늘어났다. 일반 철도까지 합해 철로의 연장은 12만 km이다. 지구를 세바퀴 도는 거리이다. 여기에 고속도로도 병행해서 늘어나고 있다. 중국은 미국과 달리 철도를 중심으로 교통망을 구축했다. 그 많은 인구를 어찌 항공기로 감당하겠는가? 남총과 시안간 고속철을 타고 가면서 이런 생각에 잠긴다. 중국 대륙은 세 개의 거미줄로 칭칭 감겨있다. 하나는 철도, 둘은 고속도로, 나머지 하나는 바로 고압선 선로이다.

달리는 고속철도 안에서 뉴스를 보니 스위스가 일대일로(一带一路)에 참여했다는 뉴스가 주요뉴스로 나온다. 시진핑의 신중국 노선의 중요한 정책의 하나가 바로 一带一路이다. 미국은 중국의 팽창주의라고 폄하 견제하는 중국의 대외경제협력정책이다. 이 一带一路에 가입한다는 것은 최소한 미국의 눈치를 보지 않는다는 뜻과 동의어이다. 주변국이고 교류 규모가 큰 한국, 일본 등도 함께 하고 있지 않다. 사실 롤렉스 시계의 최대 시장은 중국이다. 일대일로는 중국의 신 실크로드(육로, 해상)의 복원 및 중흥이고 중국의 국가경영의 큰 축 중 하나이다.

스위스는 인구가 세계 100위, 국토면적은 200위 그러나 총 GDP는 세계 20위이다. 그런 스위스, 홍콩 만한 나라가 중국과 대등한 아니 최고의 칙사 대접을 받으며 베이징에서 상호 경제 협력을 맺는다. 스위스의 실용주의이다. 자주권, 자결권이야말로 실용주의의 전제 아니던가? 한국이 과연 이런 실용주의 외교를 할 수 있을까? 그렇게 자주를 생명으로 여기는 북한이 이런 외교를 펼칠 수 있을까? 차창 밖으로 빠르게 지나가는 중국의 거대한 평원은 좁은 산골짜기에서 아옹다옹하는 남북의 모습이 더욱 가슴 쓰리다. 이런 저런 생각을 하는 사이 열차는 시안에 도착했다. 시안에서의 숙소는 조선족이 운영하는 민박으로 정했다. 시안에는 삼성이 진출해있어 한국인들도 많고, 시진핑의 고향 동네라고 주목받고 있는 지역이다. 본래 시안은 실크로드의 출발지요, 당나라의 수도 장안이다.

중국의 4대 古都는 난징, 낙양, 북경, 그리고 시안이다. 그 중 시안은 중국 역사의 백미인 당나라의 수도이다. 실크로드의 출발지이고 중국역사는 당 이전과 이후로 나뉜다는 생각이 들 정도로 당나라의 모든 것은 이전과는 확실히 다르다. 시안이 그걸 보여주고 있다.

화산의 서봉

시안의 화산(华山)은 중국사람들이 말하는 五岳 중에 西岳이다. 중앙에 숭산(崇山), 호남성에 남악인 형산(衡山), 산서성에 북악인 항산(恒山) 그리고 東岳으로 산동성에 태산(泰山)이 있다. 이번 여행을 통해 5악을 모두 가보았다. 그 중 华山은 중국을 동서로 나누는 진령산맥의 명산이다. 사람들은 이 화산을 中华의 山이라 한다. 中华의 华가 여기서 왔다는 뜻이다. 가을철이면 하루에 15만 명이 입장한다니 그 입장료만 해도 하루에 4백5십만 위안이다. 하루 7억 원이 넘는다.

중국의 오성급 관광지는 전국적으로 수천 개인데 가는 곳마다 그 입장 수입만 해도 어마어마하다. 한국의 관광은 중국에 비하면 자연환경의 규모와 다양함에서 비교가 되지 않는다. 한국의 관광은 특색에 맞게 잘 꾸미는 것이 중요하리라 생각한다. 세계에서 한국 밖에 없는 볼만한 것, 그것을 만들어야 한다는 것이다. 한국 밖에 없는 것은 많겠지만 볼만하지 않은 건 국내용일 뿐이란 말이다.

흑악세력 척결구호

내려오는 길에 내 눈길을 끈 것은 바로 추종취엔 사오헤이어! (出重拳扫黑恶)이다. 중국 전역에 그것도 시안을 중심으로 서부 쪽에 유난히 흑악세력 추방 구호가 많다. 우리가 1990년대 범죄와의 전쟁을 했던 그것과 비슷한 맥락이다. 중국이 경제의 양적 성장이 비약적으로 발전하면서 여기저기 부정부패가 만연할 수 밖에 없기 때문이다. 특히 공산당 간부가 흑악세력과 결탁해 겉으로 보기에는 합법적인 이권 개입을 한다. 시안에서 보도된 대표적인 사례를 보면 시안의 외곽 농촌의 촌당 서기인 공산당원이 각종 이권에 개입하면서 말을 듣지 않는 사람들을 폭행하고 집에 불을 지르기까지 했다는 것이다. 그런데 행동대원들은 모두 미성년자를 이용한다. 왜냐하면 미성년자는 형을 적게 받기 때문이다. 이런 류의 범죄 집단을 흑악세력이라고 하는 것이다.

섬서성은 시진핑의 고향이다. 그래서 더 정부정책 홍보가 활발한 면도 없지 않은 것 같다. 시진핑의 고향은 섬서성 富平이다. 서안에서 기차로 40여분 거리에 있다. 상담(湘潭), 광안(广安), 부평(富平). 글자가 주는 느낌이 세상과 깊은 연관이 있지 않은가?. 모택동, 등소평,

시진핑의 고향이다. 모택동은 큰 물줄기를 얻었고 등소평은 국가의 안녕을 찾았지만 시진핑은 부유하고 평등한 중국을 슬로건으로 걸고 있다.

티벳 가는 비행기를 기다리며 보내는 시안에서의 며칠은 고된 여정에서 잠시 휴가를 얻은 느낌이다. 이곳에서 우연히 중의사 한 사람을 만났다. 남과 북을 모두 갔다온 사람이기도 하다. 자신만의 밀방(密方)이 바로 불임과 자궁병에 탁월하다고 자부심이 대단한 사람이다. 처음에는 자신의 약 처방을 자랑하더니 이야기는 세상 이야기로 변했다. 중 · 미 무역전쟁, 북한 문제, 한국 정치 등 나름대로 장광설을 늘어놓는다. 하도 달변이라 짬짬이 휴대폰에 메모를 했다. 그의 주장은 이렇다.

한국은 어차피 종국에는 감옥에 갈텐데 뭐 그리 대통령을 하고 싶어서 싸우나? 중국은 결코 미국에게 지지 않는다. 트럼프는 화웨이를 엄청 홍보해 주고 있다. 그러면서 한국은 중국 편에 서야 한다. 북한처럼 변하지 않는 나라는 지구상에 없다. 한국의 의료계는 폐쇄성이 가장 큰 문제다. 이는 중의사로서 한국의 한의학이 중국에 비해 대접을 못 받으며 양방과 협진체계가 전혀 없다고 비판하는 것이다. 이 사람의 생각이 중국 사람들의 보편적인 생각일 것이다. 예전에는 중국을 등에 업고(속국이지만) 일본을 왜놈이라 얕보면서 매일 당했고, 지금은 미국을 등에 업고 중국을 무시한다고 뼈있는 한마디를 한다. 그러면서도 한국은 장점이 많은 나라라고 마무리를 한다.

시안은 처음으로 중국을 통일한 진시황의 무덤과 병마용이 있고 중국 역사상 가장 찬란한 문화를 자랑하는 당나라의 장안이 지금도 살아있는 도시이다. 티벳으로 떠나기 전 날 장안의 유명 퍼포먼스 몽장안(梦长安)을 보았다. 당나라 시대 중국이 서역과 활발히 교육하고 제국의 위업을 달성한 화려한 역사를 장예모식 대형 퍼포먼스로 만든 것

몽장안

몽장안의 한장면

이다. 아라비아를 비롯 서역의 대상들이 줄줄이 등장하고 동양의 패자로 중국의 자부심을 한껏 세운다. 몽장안은 곧 지금의 중국몽이다. 그만큼 당나라는 우리가 생각하는 당나라와는 다르다. 우리는 좀 모자란 것을 말할 때 '당'자를 앞세워 말하지 않는가? 당나라 군대, 당나귀 등등. 어느 제국이든 말기에는 모든 것이 무너지는 때 아니던가? 화려했던 당나라도 5대10국으로 분열되고 지금은 몽장안으로 남아있다.

시안-중국 역사의 가운데 토막이다.

27 티벳-청해성 -중국의 源头

티벳 라싸 공항

이제 장강과 황하의 발원지가 있는 청해성으로 가기 위해 티벳으로 들어간다. 한국에서 오는 8명의 일행과 함께 시안에서 라사까지 비행기를 탔다. 일행 중 한 사람이 '시안사변 당시 장개석이 죽었다면 오늘의 대만은 없었을텐데...'라고 말하자 또 한 사람이 '무슨 소리! 그 때 장개석을 죽였다면 오히려 국공합작은 이루어지지 않고 국민당이 유리해질 수 있었지. 그걸 계산한 모택동이 장개석을 살려둔거다.' 뭐 이런 얘길 하면서 우리는 티벳 라싸 공항에 도착했다. 한국 사람들은 무엇을 하든 사전에 철저히 검색하는 습관이 있다. 모두들 티벳에 대해서도 얼마나 많이 알고 있는지 말이 끊어지지 않는다.

공항 맞은 편에는 모택동, 등소평과 함께 최근 3인의 주석 사진을 넣은 커다란 입간판이 눈에 처음 들어왔다. 매일 저 사진을 보는 티벳 사람들의 마음은 어떨까? 라싸 공항에 도착하자 얼마 되지 않아 몇몇 사람들은 고산증세를 보이기 시작했다. 공항 앞마당에 있는 작은 상점에 들렀더니 캔 음료들은 모두 거꾸로 세워 진열을 해 놓았다. 압력이 올라가 터질까봐 그런다고 한다.

고산증은 고산을 보는 대가라고 생각한다. 청장철로(青藏铁路)나 천장공로(川藏公路)로 서서히 왔으면 덜 할 수 있는데 비행기로 편하게 도착한 사람들은 몸이 급격한 변화에 적응하기가 쉽지 않은 것이다. 산소가 바닷가의 60% 정도 밖에 없다니 당연

라싸 공항 앞의 중국의 주석들

거꾸로 진열된 물건들

조캉사원1, 2

한 것이 아닐까? 티벳 그것도 성지 라싸에 왔으니 장족 불교의 상징인 포탈라궁과 조캉 사원을 가장 먼저 들러보았다. 수많은 순례자들이 죽음을 무릅쓰고 오체투지로 천 리 먼길을 수행하며 바라보는 목적지가 바로 여기다. 어두운 밤에 바라보는 포탈라 궁은 현대 조명의 효과도 있겠지만 이 높은 산지에 당연 위엄과 위압이 될 만하다.

사천성 황룡에서 만난 한 장족 여인의 절규가 생각난다. "한족은 우리에게 감사해야 합니다. 중국 영토의 삼분의 일을 우리가 가꾸고 지키고 있으니까요. 그런데 우리는 우리의 전통과 삶을 지키는 게 너무

포탈라궁의 야경1, 2

힘이 들어요. 그러니 우리 물건을 좀 사주었으면 좋겠습니다." 이런 말을 들으면서 애처롭기도 하고 씁쓸하기도 했다. 그들이 한번쯤은 와보고 싶은 포탈라 궁 순례자들의 종착지 조캉 사원 아닌가? 매일 아침 연기를 피우며 온 세상의 평화와 가족과 이웃의 안녕을 비는 샹그리라의 린씨도 문득 생각이 났다.

이 집에 거하며 목축을 하는 사람들이 믿는 티벳 불교의 생명력은 어디서 올까? 지금은 텅 비어버린 이 집처럼 포탈라궁과 조캉 사원도 관광지로서 의미가 더 크다. 이 친구들은 이미 자본주의 세상을 알아 버렸다. 저 산을 칭칭 감은 고압선이 달라이라마의 힘보다 더 현실적인 힘이 되어버렸다. 티벳 땅의 그 광대함과 장엄함, 눈이 시리도록 파란 하늘, 맑은 물, 그 순례자들의 아이 같은 선한 눈빛 그러나 티벳은 이제 더 이상 과거의 티벳이 아니다.

라싸에서 버스를 타고 낭가파라봉이 있는 린즈까지 천장공로

티벳 원주민의 옛집

활터에서 장사하는 친구들

티벳을 칭칭 감고있는 고압선로

티벳의 아이와 함께

를 따라갔다. 이 천장공로는 사천성 빠탕에서 금사강을 건너면 망캉이 나오는데 이 망캉까지가 티벳 구간의 천장공로이고 차마고도의 천장남로이다. 중국 정부의 티벳 경영의 두 가지 방향은 하나는 한족의 이주정책이고 하나는 경제개발이다.

이 린쯔(林芝)시는 주로 중국 남부 광동성과 복건성에서 집단

이주를 했다. 그래서 거리 이름도 광주대도(广州大道), 광동로(广东路) 이런 식이다. 아직은 택시기사를 하는 사람도 거의 한족이지만 장족들도 점점 늘어 나고 있다. 모든 시스템이 한족이 만든 자본주의 시스템인데 여기에 적응하지 않으려면 산에서 내려오지 않아야 할 수 밖에 없다.

티벳 불교는 제정일치 사회를 유지해왔다. 포탈라궁은 사원이기도 하지만 사실 왕궁이다. 달라이 라마든 판체 라마든 그들은 왕이었다. 제정일치 사회가 어찌 현대세계에서 자신을 유지할 수 있을까?

티벳은 가는 곳마다 사원이 그 지방의 중심이었다. 그 정점에 포탈라궁과 조캉사원이 있는 것이다. 민중들은 순례와 헌금을 의무적으로 해야하고 그것은 곧 공동체를 유지하는 시스템이었다.

티벳 린즈의 중심가

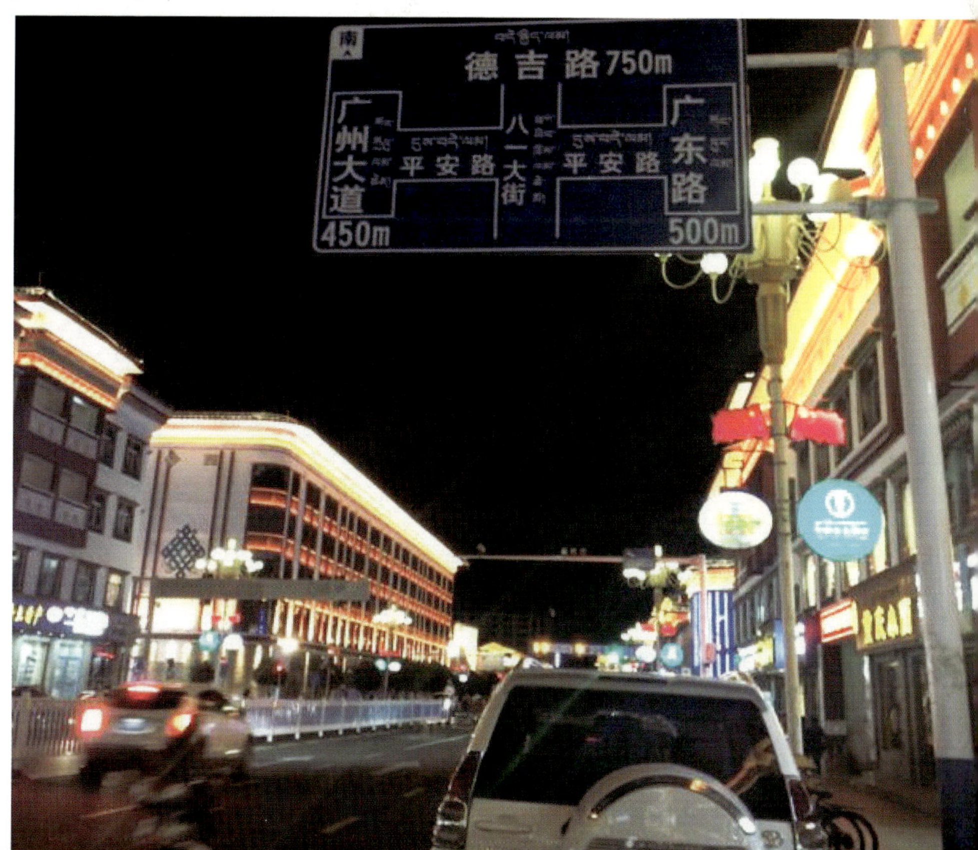

관광객이 보는데도 아랑곳 하지 않고 돈 세는 승려

1949년 중국정부 수립 이후 티벳을 중국 장족자치주로 흡수하고 티벳 불교는 더더욱 개인의 구복과 수행으로 왜소해질 수 밖에 없었다. 포탈라궁의 벽화엔 청나라 건륭황제가 상전에 앉고 그 아래 달라이 라마가 있다. 청나라 때도 황제가 위였으니 지금도 그렇게 하는 것은 당연한 것이라는 웅변이다. 이 벽화가 티벳 불교의 모든 것을 말해주고 있다. 포

포탈라궁의 벽화

탈라궁 입구엔 이런 팻말이 있다. "곤란한 일이 있으면 당원이 해결해줍니다. 당원은 언제나 당신 곁에 있습니다."어려운 일이 생길 때에 라마승에게 비는 것보다 당원에게 가는 것이 더 현실적인 일일까?

공산당원의 친절

저녁 어스름에 린즈시의 중심 광장에 나가보았다. 가장 번화가인 중국인민은행 앞에는 50여 명의 한족 여인들이 그들의 춤을 추고 있었다. 웬지 좀 썰렁한 분위기였다. 거기로부터 500여 미터 떨어진 다른 곳에서는 500여 명은 됨직한 장족들이 원을 그리며 돌고 또 돌며 그들의 전통 춤을 추고 있었다. 한참이나 그들의 춤을 바라보았다. 나도 함께 광장을 돌며 같이 춤을 춰 보았다. 단순히 춤이 아니라 시위라는 느낌이 들 정도로 저녁마다 장족의 존재감을 보여주려는 듯하였다. 그들의 표정은 춤을 추면서도 오히려 비장했고 함께하는 장족들의 표정은 복잡해 보였다. 다른 퍼포먼스가 있을까? 기대하

티벳의 춤추는 한족 여인들

맞은편 장족들의 춤판

암드록초 호수

며 끝까지 지켜보았지만 오직 춤추며 마당을 돌다가 9시 30분이 되니까 모두 순식간에 사라져버렸다. 한 참이나 그 자리에 남아서 텅빈 광장을 바라보았다. 혹시 사복을 입은 공안은 없나? 내 마음의 병이 잠시 도졌다.

중국의 서부공정은 티벳 장족의 마음을 사는 것이다. 과연 어떻게 그들의 마음을 살 수 있을까? 당나라 문성공주가 이 티벳을 왔으며 청조 때 순치 강희 건륭황제를 받들었던 달라이라마를 말하면서 티벳은 예로부터 중국영토였다 라고 말한다. 한편으로는 물질적 공세(?)를 강화한다. 도로, 전기, 자동차 등 시장경제를 통해 이전의 궁핍함을 벗어나게 하는 것이다. "중국 공산당이 없으면 티벳의 발전도 없다."는 것이 정책의 핵심이다. 포탈라궁, 조캉사원 뿐만 아니라 모든 사원에는 중국의 교회들에서처럼 오성홍기가 휘날린다.

해발 4998 m에 있는 암드록초(羊卓雍错)를 들러 티벳이 왜 티벳인가 설산과 염호 고산증에 힘겨우면서도 걷고 또 걸어본다. 일행 중 두 사람은 더 이상의 여행이 불가능할 정도로 그냥 숨만 쉬고 있을 정도로 힘겨운 여행이다.

티벳의 마지막 날은 해발 4500 m의 나취에서 잤다. 고산증세가 잠을 잘 수 없도록 힘겹다. 걸음걸이 하나도 절제해서 옮겨야 하는 나는 분명 티벳인들과 다른 이방인의 모습이다.

티벳 최대의 염호

티벳을 떠나면서 시가체의 짜시룬포 사원에 들렀다. 포탈라궁이 관광객들이 주라면 이곳은 실제 순례자, 예불을 하려는 사람들이 전부였다. 아침 예불 시간 문을 열기 전부터 와서 기다리는 순례객들, 멀리서 와 이곳에서 묵은 모양이다. 이들은 무엇을 빌러 왔을까? 엄마 품에 안겨 온 이 아이의 내일은 어떤 티벳이 될까?

티벳의 만년설

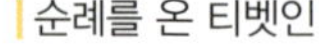

순례를 온 티벳인

엄마등에 엎혀 순례를 온 아이

장족에겐 그들의 땅은 그냥 2차원의 면이었다. 초원, 하늘, 강과 산, 그냥 평면이었다. 문명은 이 공간을 선으로 분할하여 그 모든 면을 3차원화 하였다. 도로, 철도, 철탑, 휴대폰의 선들은 이 면을 칭칭 감고 있다. 야크는 절대 이리 뛰고 저리 뛰지 않는다. 차근차근 풀을 뜯으며 이동한다. 장족들도 그렇게 움직였다. 그러나 이제는 이리 뛰고 저리 뛰어야 한다. 그들은 고산에 살았기에 이방인들처럼 숨차지 않았다. 그러나 이제 그들도 숨이 차다. 문명의 굴레가 마니차(장족들이 돌리는 경전)처럼 쉼 없이 돌아갈테니까. 오히려 이방인은 티벳의 고산을 겪고 나니 차근차근 살아가야 함을 마음에 새기는데 말이다. 티벳은 아직은 어색한 문명의 점이지대, 어떻게 내일을 열어나갈까?

초원에 뜬 쌍무지개

티벳을 떠나며 만난 작은 식당집 아이

"티벳은 분리 독립해야 한다. 언젠가 중국은 분열되고 그때 티벳도 독립할 것이다." 이런 희망(?) 섞인 주장도 있고 "중화주의가 티벳의 자존을 훼손하지 않고 문명화할 것이다" 라는 중국 공산당의 입장이 티벳 안에서는 현실의 문제로 매일매일 변화되어 가며 답을 찾고 있을 것이다.

돌아오는 길의 광대한 초원은 중국 군대의 훈련장이었다. 엄청난 규모다. 100만의 군사력이 서북군에 배치되어있고 그중 티벳은 중국의 3대 군사요충지이다. 이곳을 촬영하다 모두 삭제 당해 사진이 없다. 카메라를 빼앗기지 않은 것에 안도해야 했었던 곳이기도 하다.

인도로 망명한 11대 달라이라마가 옳은지 현재 중국 정부에 협조하는 판체라마가 옳은지 그것은 훗날 역사의 몫이 될 것이다.

장족들의 선했던 눈빛 속에는 경계와 두려움과 강렬함까지 뒤섞여 있어 보인다. 그 눈빛이 그들의 지금의 마음이 아닐까? 돌아오는 길에 쌍무지개가 떴다. 모두가 바라는 미래가 되길 기원하면서 탕고라 산을 넘는다.

28 탕고라산을 넘어 타타허로

상해 숭명도를 떠난 지 150일 만에 이제 장강의 발원 타타허를 간다. 티벳을 떠나며 우리를 따라오던 쌍무지개를 뒤로하며 탕고라산 마루를 지난다. 이제 청해성이다. 탕고라산은 장강과 노강의 분수령이다. 청장열차를 타고 탕고라산을 넘는 내내 6월말인데도 진눈깨비가 계속 내렸다. 청해성을 내려가면서 펼쳐지는 초원과 타타허를 바라보며 "장강이 이렇게 시작하는구나!" 감개무량하기 그지없다.

사실 장강을 거슬러 올라오면서 타타허를 오려면 굳이 티벳을 가지 않아도 된다. 그러나 티벳을 통해 청해성을 오는 것과는 그 느낌이 사뭇 다르다. 청해성도 칭장고원의 광대한 절반이기에 그렇다. 고원의 대초원, 그 사이를 제 맘대로 굽이굽이 흐르는 타타허! 저게 장강이란 말인가? 열차가 달리는 동안 한국에서는 트럼프가 희대의 쇼를 했다. 사람들은 열광하거나 좌절하거나 냉소하거나 세계의 지붕 칭장고원에서 본 한반도, 그 웃지 못할 모습을 내려다본다.

해발 5231 m의 탕고라산 분수령

문재인의 손에 이끌려(?) 김정은을 만난 트럼프, 그의 장삿속은 확실히 남다르다. 이전의 만남보다 더 극적이지 않으면 어차피 결과 없는 만남이기에 만나는 이벤트만 극적이면 되는 남북미의 만남 아니던가? 누가 평화의 수호자이고 통일의 영웅이냐? 참 우

장강의 발원 타타허

습고도 슬픈 분단체제, 비인간의 비열한 체제이다.

남북미의 정상들이 판문점 뜰을 손을 잡고 거닐 때에 칭장고원에 있는 나에게 밀려 오는 이 부끄러움은 어디서 오나? 이제야 알았다. 트럼프의 장삿속도 이용해야 한다면 그걸 숙명이라 해야 할까? 달리는 청장열차 속에서 이렇게 읊조린다.

이 부끄러움이 어디서 오나?

한 위인이 와
대동세상이 밝아 왔노라
두둥실 불을 밝히고
덩실덩실 춤을 춘다

동구 밖에 서 있는 나
이 부끄러움은 어디서 오나?
그들이 밝힌 등불에
내 치부가 다 드러남 같이

온몸에 벌레가 스멀거리는 듯한
이 지저분한 기분은 어디서 오나?
그래 너희가 그렇게
모든 속박의 근원이라던 자

어느새
제국의 황제가 이제는
평화와 통일의 전능자가 되었다
꼭두각시 인형극을 보는 듯하다

그 인형극을 보면서
환호하고 분노하고 좌절하는
관객들을 보면서 오늘
이 토할 것 같은 메스꺼움은 어디서 오나?

해가 저물기도 전에
꼭두각시 놀음은 끝나리니.

2019. 6. 29
–청장열차 안에서

청장열차는 한반도의 우스꽝스런 인형극이 열리는 동안 청해성의 성도(省都)인 시닝(西宁)에 도착해 있었다.

티벳의 마지막 역 나취

새벽녘의 청해성 시닝역

兩河日記

2부

下黃河

青海省, 三江源头에 오르다

중국의 청해성에서 발원하는 강은 장강과 황하 그리고 란창강이다. 란창강은 운남을 거쳐 라오스로 가는 메콩강의 상류를 부르는 이름이다. 티벳에서 발원하는 강은 노강이 있는데 이강은 운남을 거쳐 미얀마로 가는 살윈강의 상류이다. 탕고라 산맥은 이렇게 청장고원을 통해 거대한 강물을 만들어 낸다.

나를 안내한 장족 青林씨

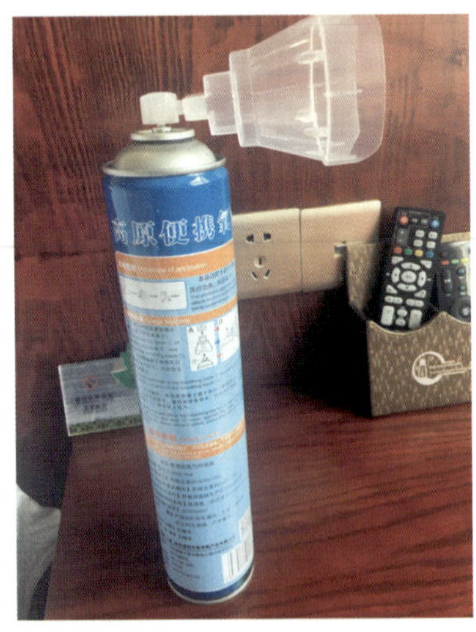

휴대용 산소

시닝에서 이 삼강 발원지를 가려면 8시간 차를 타고 가야한다. 마침 지인의 소개로 청해성 玉树 장족 자치주에 사는 장족 青林씨를 만나 시닝에서 삼강원두가 있는 玉树까지 함께 가기로 했다. 그는 주로 청해성 3강의 발원지를 사진에 담는 전문 사진작가이다. 스스로 자신이 공산당원이긴 한데 그저 삶의 방편으로 당원이 되었다는듯 장족의 피가 흐름을 은연중 보이기도 하는 사람이다. 한족화된 장족이라고나 할까? 그와 같이 도착한 곳은 마뚜어(玛

多)라는 황하의 발원지가 있는 곳이다. 해발고도가 4,800 m가 넘는 고원지대이다. 여기서 이틀을 묵는데 티벳보다 더 높아 머리맡에 산소통을 하나 두고 잤다. 마뚜어 현에서 정말 단 한 사람의 한족도 만나지 못했다. 장족 자치주이면서 티벳과는 또 다른 느낌의 장족 거주지였다.

청해성의 마뚜어 현

이제 장강의 여정은 끝이 났다. 그러나 황하는 이제 시작이다. 우리네 인생도 막다른 골목까지 가고나서야 새로운 시작을 하게 되는 것처럼 말이다. 탕고라 산맥을 씻어내린 물은 타타허로 흘러 통천하(通天河)가 되고 위수(玉树)를 지나 금사강이 되어 운남으로 간다.

장강 발원비

황하 발원탑

사원 같은 장족호텔 로비

지난 5개월여 거슬러 올라온 길이었다.

이제 황하는 5000 m 고원의 물길이 모여 생긴 두 개의 호수 짜링호(扎陵湖)와 어링호(鄂陵湖)의 물을 비로소 마뚜어(玛多, 티벳어로 황하의 발원이라는 뜻) 현에서 첫 물줄기를 아래로 내려 보내기 시작한다.

4800 m 고지대의 장족 호텔에서 이틀을 유숙하면서 험난한 황하 발원지를 갔다. 가는 도중의 길은 4륜구동도 헤어나오기 힘든 습지대와 험한 길들 뿐이다. 그러나 나는 정확한 발원지를 볼 수 없었다. 발원지는 그냥 모든 탕고라 산이었다 말할 수 밖에 없다. 발원지라 표시한 비는 실제 발원지 근처일 뿐이었음을 깨달았다. 이 세상 그 누구도 정확한 발원지를 본 사람은 없을 것이다. 마치 세상의 처음을 본 사람이 없던 것처럼. 그리고 강을 따라 내려오면서 든 생각은 모든

늪에 빠진 여행 차량

원주민이 쌓아놓은 황하원투비(발원비)

강물이 바다로 가지는 않는다는 것이다. 발원지에서 시작한 강물이 바다까지 갔는지는 더더욱 알 수가 없다. 마뚜어를 출발한 황하는 이내 넓디 넓은 초원을 이리 굽이 저리 굽이 서있는 듯 흐르는 듯 호수인 듯 시내인 듯 그렇게 누워 있다. 흐르는 황하를 배웅하는 설산들을 뒤로하며 황하는 협곡으로 빠져 들어간다. 그렇게 황하는 청해성을 지나 감숙성의 省都 란저우(兰州)로 들어간다.

황하의 상류

30 란저우(兰州), 黃河의 도약

황하는 청해성의 성도 시닝을 비껴 란저우로 간다. 란저우의 황하가 되기 위해서는 天山산맥의 물줄기도 필요했다. 바로 감숙성(甘肅省)을 가로지르며 오는 물길이 란저우에서 만나 황하의 그 황톳물이 된다.

나는 그 감숙 원두(源头)를 향해 3일에 걸쳐 감숙성을 거슬러 올라갔다. 이 길은 바로 혜초가 갔던 길이었을 것이다. 감숙성은 내몽고와 청해성 사이에 좁고 기다란 실크로드이다. 시닝에서 기차로 장예로 가서 황하의 지류를 따라 내려오는 여정이다.

감숙성의 황하 발원지

사람들은 황하가 청해성 마뚜어에서 발원한다고만 알고 있다. 물론 거리상으로는 그렇다. 그러나 나는 감숙성에서 흘러 내려오는 지류도 또 하나의 발원으로 보고 싶다. 장예의 오색찬란한 바위산에 내리는 빗물을 어렵게 모아 란저우로 내려가는 황하다.

실크로드의 낙타모양의 바위를 보면서 그 실크로드를 따라 감숙성의 란저우로 향한다. 이길을 거슬러 서쪽으로 가면 혜초의 왕오천축국전이 발견된 둔황(敦煌)과 신장으로 이어진다. 장예역에서 기차를 타고 황하지류를 따라 란저우로 가면 청해성에서 내려오는 황하가 기다리고 있는 것이다. 이 골짜기는 비가 오면 물이 흐르지만 건조지역인 이곳에서는 거의 사람들의 통로로 이용되고 있다.

중국인들은 황하를 모친의 강(母亲的江), 즉 어머니의 강이라 부

장예의 칠채산

감숙성 장예역

른다. 중국 문명의 대동맥이 되기 위해서 이 광활한 땅의 빗물 하나도 놓치지 않아야 될 것이다.

감숙성의 실크로드

兰州는 란저우 라면 즉 회족의 우육면으로 우리에게 익숙한 도시다.

감숙성이 회족 자치주는 아니지만 그만큼 회족이 많다. 시내 곳곳에는 대형 모스크들이 유난히 많다. 굽이굽이 청해성의 초원을 흘러오던 황하는 감숙성에서 내려오는 물길과 만나 비로소 황하 강물의 위용을 보여준다. 그곳이 바로 란저우다.

황하의 상류 九龍江海

란저우에서는 황하를 9번 건너야 행운이 온다는 이야기가 있다. 중산철교는 100년이 넘었고, 황하 제1교 등 많은 다리들이 저마다 그 역

란저우역

란저우 모스크

란저우시내

황하와 란저우시내

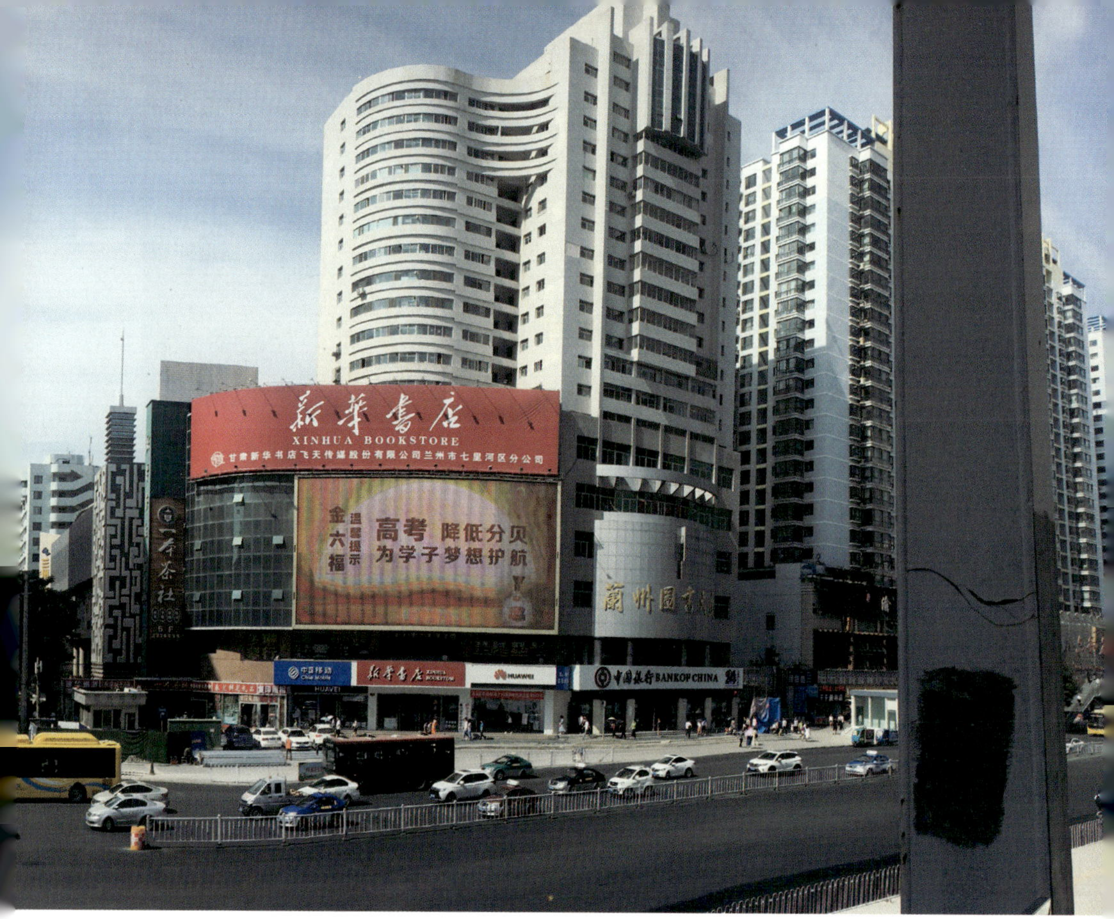
新華書店
XINHUA BOOKSTORE
甘肃新华书店飞天传媒股份有限公司兰州市七里河区分公司
金六福
温馨提示
高考 降低分贝
为学子梦想护航
中国银行 BANK OF CHINA
HUAWEI

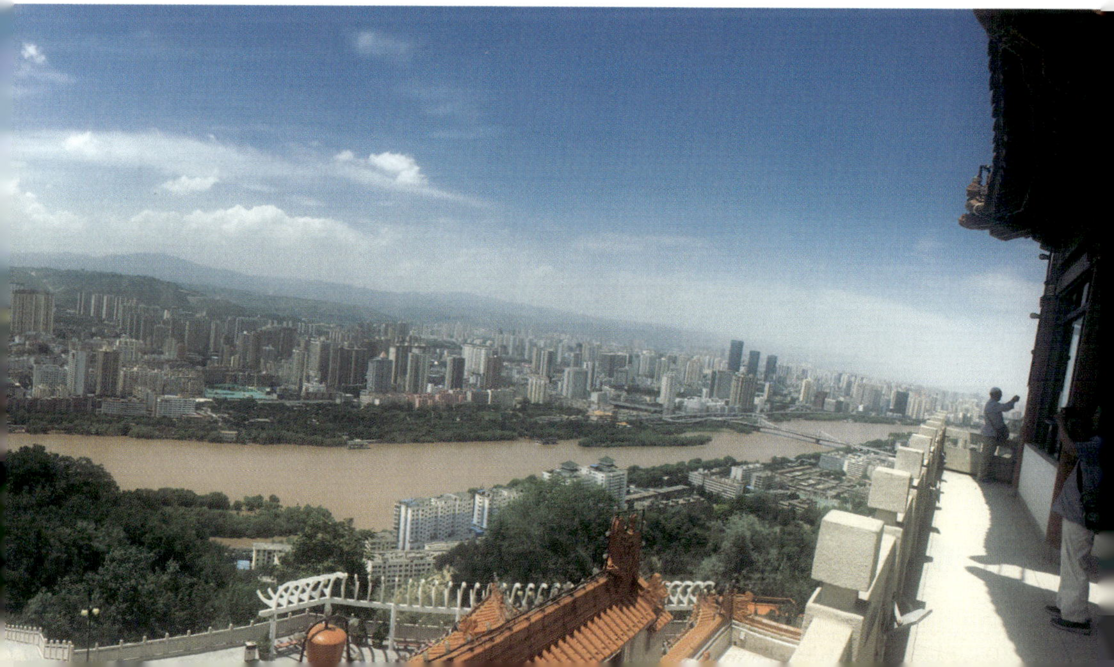

란저우의 중산철교

사와 아름다움을 자랑한다.

사실 란저우 시를 제대로 보려면 황하를 9번 건너지 않고서는 제대로 볼 수가 없다. 나도 10번 이상은 건너며 란저우시를 돌아보았다.

중국에는 두 부류의 회족이 있다. 그 하나는 신장 위구르 지역을 중심으로 한 독립성이 강하고 중국의 중화정책에 순순히 동화되지 않는 회족이다. 또 하나의 회족은 마치 우리나라에서 중국집을 경영하는 화교(华侨)들처

란저우의 우육면 식당

럼 중국 내에서 중국인화 된 회족들이다. 이들은 중국 전역에서 바로 회족식당 란저우 우육면을 파는 사람들이다. 중국 어딜 가나 이 회족 식당이 있다. 할랄 음식이라는 의미의 단어 청진(清真)이 모두 붙어 있고 보통 란저우 라면 혹은 우육면으로 상호를 쓴다. 이들 식당은 어디를 가나 술과 돼지고기 요리가 없다. 그리고 소규모 식당들은 회족들끼리 가족끼리 운영하는 곳이 대부분이다.

중화주의(中华主义)란 중국 정부가 내세우는 통일 정책 이념이다. 중국에는 한족이 절대다수이긴 하지만 중국 서북부 티벳, 신장, 내몽고, 녕하 등 중국 영토의 거의 절반은 56개 소수민족이 살고 있다고 해도 과언이 아니다. 그래서 나온 이념이 중화주의이다. 중국은 이 많은 민족들이 서로 자신들의 특성을 잘 보존하면서도 중국이라는 국가의 통일 단결 발전에 하나가 된다는 국가주의의 다른 말이기도 하다. 대한족주의(大汉族主义)라고 비판하며 극단적 표현을 쓰는 사람도 있다. 중화제일주의(中华第一主义), 중화주의(中华主义) 모두 같은 말이다. 스스로 중국인이며 회족이라고 생각하는 사람들이 바로 란저우 라면 식당을 하는 사람들이다. 전통과 습관과 신앙이 얼마나 그들을 중국 속에서 자신들의 정체성을 잃지 않게 하는지 란저우의 한 모스크엘 가 보았다. 이들은 매일 새벽 5시 8분, 낮 1시 25분, 저녁 6시 12분, 8시 26분, 9시 26분 그리고 쥬마(主麻, Djumah)라고 해서 매주 금요일 12시 30분에 예배를 드린다. 이들은 1주일을 1주마라 하고 이렇게 철저한 이슬람의 예배가 이들을 중국 안에서 회족으로 살게 하는 원동력일지 모른다.

회족의 예배 시간표

중국과 신장의 관계에서 긴장

과 갈등이 상존하고 있지만 중화주의는 이런 각 민족과 종교를 중국이라는 틀에 가두는 강력한 이념임에는 틀림없다.

CCTV(중국의 국영 TV)에서 요즘 김치(중국인들은 파오차이(泡菜)라고 한다)를 중화민족의 우수한 음식이라며 공익광고를 한다. 조선족 여인과 어린 여자아이가 한복을 곱게 차려입고 김치 담그는 과정을 보여주면서 이는 조선민족의 우수한 음식이라면서 중화민족의 자랑이라고 하는 것이다. 일본이 한국의 인삼을 한국의 국력이 미약할 때 그들의 표현대로 세계의 학명에 올려서 인삼은 진셍이 되었다. 일본이 김치도 기무치로 일본화하려다 실패해서 이제는 김치로 국제화되었지만 중국의 김치공정(나는 이렇게 부른다)을 쉽게 봐서는 안 될 것이다. 사실 우리나라의 음식점에서 소비하는 김치의 많은 부분을 중국산 김치가 차지하고 있다. 한국 식당에 가서 원산지 표시를 보면 알 수 있다. 단순히 조선족의 전통음식이 아니라 이미 한국의 김치 생산 기반이 중국에 있다는 것이다. 조선족의 전통이 곧 중화민족의 전통이라고 동일시하는 것 이것이 중화주의인 것이다.

회족은 신장, 감숙, 녕하, 내몽고까지 실크로드를 통해서 동진하였다. 티벳 장족과 함께 가장 넓은 땅에 사는 민족이다. 란저우에서 황하는 동북쪽으로 방향을 틀어 닝샤 회족 자치주(宁夏回族自治州)로 흐른다.

중국 고대 언어에 '강역(疆域)'이라는 말이 있다. 疆은 영토이다. 新疆이라는 말 자체가 새로운 영토라는 뜻이다. 신장위구르는 위구르족이 사는 새로운 영토라는 말이다. 위구르(Urgur)는 영어식 표현이다. 중국식 발음은 웨이우얼(维吾尔)족이다. 우리가 역사에서 배운 돌궐족(터키족), 알타이어족이다. 유럽과 중국의 사이에서 늘 중국과 긴장하기도 하고 동시에 교역관계를 맺어온 민족이다. 이들은 목축이 주였기에 그 영역이 동쪽으로 내몽고 방향으로 초원을 따라 넓혀진 것이다. 그 길이 바로 황하를 따라가는 넝하 자치구와 내몽고 자치구 구간이다. 닝샤 회족 자치구는 본래 감숙성이었는데 1958년 정식으로 지금의 자치구로 성립되었다. 란저우에서 넝하(宁夏)의 省都 银川까지는 일반기차로 10시간 거리다. 건조지대 팍팍한 연갈색의 땅을 들어서면 왜 황하의 물빛이 태고이래로 황톳물이 아닌 적이 없던 이유를 알게 된다. 닝샤의 성도 銀川은 중국의 서북공정의 중심지이며 전진 기지이다.

은천 ↔ 포터우 기차표

닝샤 자치구는 지리적으로 내몽고와 감숙성과 섬서성에 둘러싸여 있다. 남한 면적의 3분의 2정도 되는 작은 성을 왜 자치구로 지정했을까? 중국의 서북 경영을 하면서 왜 한족들이 그곳에 거주하지 않았는지 방대한 땅과 척박한 환경을 보면 비록소 알 수 있게 된다. 진령산맥 동쪽을 보통 중화라고 한다. 中은 中原을 뜻하고 华는 진령산맥의

닝샤의 은천역

名山 华山을 뜻한다. 진령산맥 동쪽은 농업지역이고 서쪽은 목축지역이다. 이질적 환경 속에서 적응해 온 민족들이 현재 중국을 이루고 있는 것이다.

광활한 지역을 오랫동안 지배해 온 민족을 中华라는 기치하에 흡수해서 자신의 영역을 극대화하는 힘, 그것이 어쩌면 중국 공산당의 힘이 아닐까? 그것이 옳든 그르든 말이다. 그래서 닝샤 자치구는 회족의 중화화를 위해 작아도 자치구의 자격을 얻었고 서북 공정의 전진기지로 많은 투자를 하고 있는 것이다.

황하는 이제부터 광막한 건조지대, 사막과 초원의 점이지대를 흐른다.

황하는 왜 란저우에서 곧장 서쪽으로 물길을 내지 못하고 은천(닝샤)을 거쳐 내몽고를 달려야 하는가? 바로 진령산맥을 넘을 수 없었기 때문이다. 황하는 건조한 내몽고를 흐르면서 더욱 더 황토물은 진해진다.

은천역을 떠나 내몽고의 포터우를 가는 동안 황하는 진령산맥을 북으로 돌아 내몽고의 인산산맥을 바라보며 서쪽으로 향한다.

내몽고의 황하 -황하의 빛깔을 만든 천리길

황하의 내몽고 구간은 닝샤의 우하이(乌海)에서 내몽고의 省都인 후허하오터(呼和浩特)까지이다. 물길이 후허하오터까지 흐르지는 않지만 포터우를 지나면서 이제 남쪽 섬서성으로 방향을 바꾼다. 포터우 황하에서 일출을 보며 내몽고 초원을 달려온 황하와 다시 만난다. 내몽고 황하 천리길을 함께 달려온 길동무는 인산산맥과 옥수수밭이다.

황하는 내몽고 초원을 흐르면서 왼쪽으로는 인산산맥을 오른쪽으로는 내몽고 초원을 사이로 서쪽으로 서쪽으로 천리 길을 흘러간다. 그 천리 길은 변화가 없어 지루할 정도다.

내몽고의 인산산맥

내몽고의 옥수수 밭

내몽고의 황하는 어디가 본류인지 알 수가 없다. 어떤 곳은 수 km의 강폭이다. 그냥 지금 흐르는 강 주변의 습지가 사실은 모두 강이다. 사막과 초원, 돌로 된 산에 작은 비가 내려 온 그 물은 어디 멈출 곳이 없이 흙탕물로 황하로 흘러든다. 홍수기에는 그 넓은 습지가 모두 강물로 뒤덮인다. 엄청난 유역은 홍수기를 위해 준비되어있는 것이다. 장강은 물이 많아지면 계곡이 깊어지고 커다란 호수를 만들면서 수위를 조절하게끔 설계가 되어있다면 황하는 최대수량을 흐르는 만큼이 그냥 강폭이다. 황하 유역에는 장강만큼 큰 호수들이 없는 게 그 이유일 듯하다. 그래서 황하는 매년 물길이 바뀐다.

황하를 따라 내몽고 초원을 가는 길에 나는 포터우에서 이틀을 묵었다. 늘 하던 것처럼 휴대폰 Alipay로 포터우의 호텔을 예약하고 물어물어 찾아갔더니 외국인은 받을 수 없다고 다른 곳을 알아보란다. 이름에는 분명 국제호텔(国际酒店)이라 되어 있어서 전화도 안해보고 예약을 했는데 난감하다. 먼 길을 달려와 피곤도 하고 허탈하기도 하고 배낭을 벗고 로비에 앉아서 어디로 갈까? 걱정 섞인 궁리를 하고 있는데 호텔 주인인 듯한 여자가 오더니 자기가 외국인이 가능한 호텔까지 태워다 주겠다는 것이다. 잠깐 기다리는 사이 밖에 차가 왔다고 해서 나가보니 정말 고급 차가 서 있었고 난 그 차를 타고 가는대로 몸을 맡겼다. 도착한 곳은 포터우에서 제일 좋은 오성급 호텔이었다. 나는 속으로 내리면서 고맙다고 인사하고 다른 호텔을 알아봐야지 하고 있는데 그녀가 먼저 앞장서더니 그 호텔 뒤편 건물로 안내하는것이 아닌가? 그 호텔은 오성급 호텔과 유스호스텔급의 호텔로 구성되어 있었다. 가격도 친절한 그녀의 호텔보다 반값이었다. 어찌나 고맙던지, 나는 너무 궁금해서 "왜 이렇게 친절을 베푸느냐?" 물었더니 너무도 태연하게 "외국인에게 당연히 해야 할 일이다."라고 대답한다.

란저우에서 받았던 또 다른 기억이 다시 떠올랐다. 티벳 여행을 함께했던 한국인 여행자와 란저우까지 동행하게 되었다. 란저우의 유명한 우육면을 먹어보고 우리는 아무래도 회족이 많은 지역이니 양고기를 먹기 위해 지나가는 사람에게 물어보기로 했다. 30대 중반쯤의 청년이 지나가길래 여기 양고기 요리 잘하는 곳이 어디인지 아느냐고 물어보았더니 그가 잠시 생각해보더니 어디론가 전화를 하는게 아닌가? 그러더니 자기를 따라오라고 해서 따라가니 길 건너서 택시를 잡는 것이다. 우리에게 택시를 잡아주는 줄 알고 함께 기다리는 데 택시가 오니 자신은 앞에 타고 우리보고 뒤에 타라는 것이다. 그래서 가는 방향이 같은 방향인가보다 하고 같이 타고 갔다. 얼마를 가니 꽤 큼직한 회족 식당이 있는게 아닌가? 우리는 택시 요금을 내려고 20위안짜리를 주었더니 그 청년이 택시비를 내고 우리에게 그냥 내리란다. 같이 내려서 청년은 우리에게 식당을 안내하고 자신은 다시 돌아가려고 차를 기다리는 것이다. 미안하고 고마워서 함께 식사하자고 했더니 자기도 저녁 약속이 있노라 한다. 너무도 친절하여 우리는 "왜 그렇게까지 친절한 것이냐, 고맙다, 인사겸 물으니 자신은 중국 공산당원인데 당원들은 그런 교육을 받는다고 했다. 당원이 1억인데 다 그렇기야 하겠냐만은 중국에서 받은 친절 중에 기억에 남는 두 장면이다.

중국 공산당이 아무리 과학적이고 이성적인 노선과 정책을 내세우고 12가지 사회주의 핵심가치를 높이 세운다 해도 늘 뇌봉이 필요한 것은 어느 사회나 스스로를 헌신하고 희생하는 사람들이 그 사회를 지탱하는 밑바탕의 힘이기 때문이다.

내몽고는 중국의 지붕이다. 내몽고는 중국의 9개 성과 경계를 맞대고 있다. 서쪽으로부터 신장, 감숙, 녕하, 섬서, 산서, 하북, 요녕, 길림 그리고 흑룡강이다. 러시아와 몽고까지 접하고 있으니 내몽고가 중국의 지붕이라는 말이 그냥 나온 말이 아니다.

몽고와 내몽고를 가르는 인산산맥(阴山山脉)이 동서로 1,000여 km 뻗어 있고 그 아래로 황하가 600여km 흘러 포터우(包头)에서 방향을 남으로 틀어 섬서성으로 흘러간다. 包头는 내몽고의 省都인 후허하오터에서 기차로 두 시간 정도 거리에 있는 인구 200만 정도의 도시이다. 包头는 중국이 자랑하는 자원인 희토류의 도시이다. 이 도시에는 내몽고 과기대학이 있는데 이 대학을 희토류 연구대학으로 만들어 이를 중심으로 包头시내에 희토구(稀土区)라는 신도시를 만들고 희토류를 특화한 공원까지 만들어 희토류 도시로 유명하다. 희토류 공원 입구에 등소평의 글귀가 눈에 띈다. "中东在石油, 中国在稀土(중동에 석유가 있다면 중국엔 희토가 있다)" 등소평이 1997년에 사망했으니 중국은 오래전부터 희토류에 대해 전략적 투자와 연구를 했다. 현재는 반도체, 전기차 등 첨단산업의 최신 기술 전 분야에 없어서는 안 될 광물의 97%를 중국이 공급하고 있다. 2010년 동중국해에서 일본과 해상분쟁이 있었을 때 중국이 희토류 수출금지조치를 하자 곧바로 군대를 철수한 사건은 희토류가 얼마나 중요한 전략 자원인지를 말해주는 사례다. 일본도 우리에게 불화수소 등 핵심소재 수출을 까다롭게 하겠다고 하지만 이는 화합물에 불과하기 때문에 지하 매장에 의존하는 희토류하고는 차원이 다르다. 包头에는 희토류 거래소가 있다. 마치 증권거래소처럼 희토류 17가지의 종목, 거래량 등이 실시간 모니터링 할 수 있는 곳이다. 내몽고가 자랑하는 包头의 희토류, 아마 중국의 중요한 자산임에 틀림없다. 희토류 매장량과 채굴량이 세계 1위인 중국과 그 매장량이 상당할 것이라는 북한과의 전략적 논의가 이미 깊숙이 진행된 것으로 알려지고 있다.

银川에서 包头 오는 길에 수많은 태양광 발전과 화력, 원자력, 풍력까지 발전 전시장을 방불케한다. 중국의 전력 생산량은 전세계 생산량의 26%정도 된다. 미국이 16% 정도 된다고 하니 짐작이 가는 어마어마한 양이다. 중국 전역 어디를 가나, 그 광대한 초원도 험준한 산령도 고압선로가 없는 곳이 없다. 티벳의 히말라야까지 고압선로가 중국을 칭칭 감고 있다 해도 과언이 아니다. 중국은 모든 에너지원을 전기화해서 사용한다. 철도, 자동차 등은 물론 거의 국민 한사람 당 한 대씩 있을 법한 전동차(電動車) 즉 전기자전거까지 움직이려면 얼마만큼의 전기가 필요하겠는가?

包头에서 후허하오터까지 달리는 내내 광활한 옥수수 밭과 태양광 발전소가 끝없이 펼쳐진다.

옥수수밭 사이의 거대한 창고와 가공공장 등이 줄서서 지나간다. 내몽고는 더 이상 단순한 초원이 아니다.

거대한 태양광 발전소

후허하오터 역

나는 황하를 잠깐 벗어나서 내몽고의 省都인 후허하오터(呼和浩特)로 간다. 후허하오터는 7년 전에 가보고 이번에 두 번째로 간다. 7년 만에 도착한 후허하오터는 완전히 다른 도시가 되어 있었다. 중국의 개혁개방 40년 중 지난 10년의 성장이 그 이전 30년보다 크다는 것을 후허하오터에 와서 실감한다.

중국의 전국을 다니면서 살고 싶은 도시를 나름대로 꼽았는데 이제 그 세 번째 도시가 후허하오터이다. 특히 여름에 살고 싶은 도시다. 안휘성의 황산시, 사천성의 판지화시 그리고 내몽고의 후허하오터시다. 내가 몸으로 느끼는 살고 싶은 도시의 기준은 첫째 공기의 질이다. 두 번째는 강과의 친화성, 세 번째는 깨끗함의 정도, 네 번째는 사람들의 표정이다. 그런 기준으로 최저점을 받은 도시는 하남성(河南省)의 古都 낙양(洛阳)이다. 이것은 내 주관적 기준일 뿐이라는 것을 먼저 밝힌다.

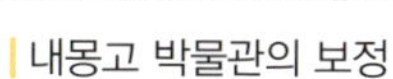
내몽고 박물관의 보정

내몽고 박물관

내몽고는 항공 우주기지를 가지고 있고 핵실험장이 있다. 후허하오터에 가면 내몽고 박물관에 가보길 권한다. 선사시대의 유물부터 항공우주산업의 인공위성까지 내몽고를 잘 이해할 수 있도록 잘 꾸며진 박물관이다. 박물관을 돌아보는 동안 한국에서 온 사람들도 꽤 많이 보았다. 중국에서 가는 곳마다 거의 박물관을 찾았는데 내몽고 박물관은 추천하고 싶은 박물관 중의 하나다.

박물관을 한바퀴 돌고나면 우리와 같은 호흡을 하고 있다는 느낌, 역사적으로 문화적으로 우리와 같은 느낌이 몸으로 느껴진다. 거리에도 의외로 한국 요리도 많고 우리네 민속놀이와 똑같은 놀이도 많다. 후허하오터 그 친근함이 살고 싶은 도시로 생각하게 하는 이유였던 것이다.

黃河의 용트림 섬서성(陝西省) 그리고 산서성(山西省)

만리 장강은 산샤 협곡의 용트림이 있고서야 바다에 이르듯 황하 또한 평탄히 흐를 수만은 없는 듯 내몽고 包头를 지난 황하는 이제 남으로 제 물길을 찾는다. 진령산맥을 에돌아 오느라 내몽고 초원 천 리를 달렸고 그 초원을 지나오면서 황하는 그 생긴 이래로 한 번도 맑은 물이었던 적이 없는 강이 되었다.

장강은 삼협을 휘몰이로 지나면서 모든 걸 포용해내는 장강다운 장강이 되었듯이 황하도 마냥 초원을 유유자적 흐를 수만은 없게 되어 있었다. 강의 운명이나 세상 만물의 생명 있는 것들의 시간은 다 동일성의 흐름이 있는 것 같다. 황하도 내몽고가 끝날 무렵부터 섬서성과 산서성의 경계를 정확히 정남으로 흘러 후커우 폭포에서 마지막 몸부림을 치고 비로소 모친의 강(母亲的江)이 된다. 그 협곡을 황하 진섬대협곡(黄河晋陕大峡谷)이라 한다. 진섬대협곡은 내몽고 타커타(托克托)현 河口에서 산서성 하진현(山西省 河津县)의 위먼커우(禹门口)까지의 700 km 대협곡이다. 섬서(陝西)와 산서(山西)는 발음이 같다. shǎn xī와 shān xī로 중국인이 아니면 구분하기 힘들게 두 성의 이름은 샨시성이다. 두 성간에는 이 협곡이 경계의 대부분이다.

내몽고 후허하오터에서 섬서성, 산서성 경계 진섬대협곡을 따라가는 황하 1,000리길, 곧장 남쪽 방향으로 황토대를 지나면서 황하는 거칠어진다. 여기서부터 황하는 여유롭게 흐를 공간이 없다. 이 대협곡은 중원에 있으면서도 사람들의 접근을 쉽게 받아들이지 않는다. 바로 항일 대장정의 정점이 바로 이 협곡이었던 이유도 이와 무관치 않을 것이다. 중국공산당의 항일전 대장정의 성지(圣地) 옌안(延安)이 바로 이 험준한 지형을 배경으로 태어났던 것이다.

모택동의 항일 대장정은 왜 연안에서 그 험난한 시기를 보냈을까? 바로 지리적 지형적 위치 때문이었을 것이라 생각을 이 대협곡에 와서야 알게 되었다. 延安은 혁명의 성지고 중화민족의 시조인 황제의 릉이 있는 민족의 성지로서 중국인들에게는 특별한 도시이다. 주변은 황토대로 모택동의 혁명기지 내에 있는 모택동, 주은래 등의 구거(旧居)는 모두 황토 굴을 만들어 입구만 보일 뿐 은거 시설은 지하화되어 있다. 이 지역에서는 오래된 민중들의 정주 방식이기도 하다.

연안의 모택동 토굴집

이곳은 동서남북 어디서든 접근이 쉽지 않은 산악과 황토구릉이 첩첩이 겹쳐 있는 지역이다. 지금도 중국 공산당원이라면 한 번쯤은 순례를 하는 옌안(延安), 중국 공산당은 옌안정신(延安精神)을 그들의 자랑스러운 정통으로 계승하고 있다. 1935년부터 1948년까지 연안은 항일전쟁의 최후 근거지였으며 여기서 모택동의 혁명사상은 정립되고 중국공산당은 건국의 기초를 마련한다. 모택동의 수많은 혁명저작이 이곳에서 나오는데, 실사구시적이고 간고분투 창의창신, 신민주주의 등의 용어가 중국공산당의 핵심개념으로 정립되는 시기였다.

사천성 고원에서 시작한 장정은 이 연안에서 대단원을 장식했다고 해도 과언이 아니다. 毛皇帝라 불릴만한 중국 통일의 대업을 이룬 그 정신적 토대가 이 연안이었다. 연안은 중국인들이 시조라 믿고 있는

연안의 황제릉

黃帝의 고장이기도 하다.

모택동은 이 황제의 고장에서 자신이 皇帝가 될거란 상상을 했을까? 어쨌든 모택동의 중국공산당은 황제 이후 5천 년 동안 최대의 영토와 최고의 통일성을 갖춘 제국을 만든 것은 틀림없는 사실이다. 황제가 심었다는 수령 5,000년의 저 나무도 아마 그렇게 알고 있을 듯 싶다.

진시황의 통일은 사실 中原의 통일이었지 지금처럼 광대한 영역이 아니었다. 그 기간도 진시황의 생존시기까지 밖에 지속되지 못했으니 춘추전국의 시대를 마감했던 역사적 지표로서의 의미가 더 컸던 통일이었다.

연안의 황제릉 표지석

황제릉의 5천 년 된 황제수

중화인민공화국 건국 70주년이 2019년이었다. 5,000년 중국역사에 견주어볼 때 70년은 그저 잠깐의 시간일 수도 있다. 또 중국의 이 시대가 얼마나 지속될지는 아무도 모른다. 그러나 다시 5,000년이 지나도, 모택동의 건국은 황제만큼이나 5천 년 이후에도 기억될 역사의 한 획이 될 자격이 충분하다. 모택동의 旧居와 침상, 그가 썼던 무기들 그리고 수많은 이론서들, 몸소 장정을 이끌며 겪었던 파란만장은 그가 황제 이후 5천 년 이래 가장 큰 제국을 만든 장본인이랄 밖에 더 무슨 할 말이 있겠는가?

장정의 이동 경로를 주욱 따라오면서 목표라는 것은 처음에는 그 목표가 아무리 커도 커 보이지 않고 멀어 보일 뿐, 그러나 그 목표가 손에 잡힐만큼 가까워질수록 커보이고 도달하지 못하면 어쩌나 조바심을 치기도 하고 그 목표가 그 과정을 지배하기도 한다. 중국의 요즘 구호 중에 불망초심(不忘初心)과 이와 댓구로 견기사명(牢记使命)이 있다.

不忘初心, 牢记使命

중국 공산당은 거대한 중국을 이끌어 가는데 바로 이 연안정신을 이렇게 쓰고 있는지 모르겠다. "항일 건국의 초심을 잊지말고 굳건히

황하의 용트림 후커우 폭포

사명을 완수하자." 그만큼 모택동의 연안정신, 혁명정신은 지금도 살아 움직이고 있다. 언제쯤 희미해질까?

황하는 중국 제2의 폭포 후커우에서 스스로 몸뚱이를 산산히 부서트리며 산고를 끝낸 어머니같은, 중국인의 어머니의 강 母亲的江으로 거듭난다.

황하는 晋陕大峡谷의 관문 위먼커우(禹门口)를 지나 섬서성의 동관(潼关)에서 비로소 서쪽 발해만을 향하여 직각으로 돌아 흐른다.

33 黃河 -母亲的江

중국역사는 中原의 역사라 해도 과언이 아니다. 즉, 장안, 지금의 서안에서 베이징까지 황하의 물길을 따라 왕조들이 쟁투하며 흥망성쇠했던 지역이다. 이 중원에서 제국의 영향력을 어느 정도까지 확장하느냐가 그 代의 세력을 알 수 있게 하는 것이고 분열과 통일을 반복하며 中原은 중국의 역사를 만들어왔다. 황하가 비로소 서쪽으로 물길을 트는 서안에서 발해만까지가 황하 문명의 몸통인 것이다. 이 중원의 황하에서 중국의 정신문명이 만들어졌고 中华의 세계가 확장되어 나갔다. 이런 黃河를 중국사람들은 어머니의 강, 즉 母亲的江이라 부른다.

어머니의 강 황하

장강은 황하보다 1,000 km나 더 길고 장강의 경제는 중국경제의 40%를 담당하고 있는 중국 제일의 강인데 왜 장강에게는 母亲的江이라는 호칭을 붙이지 않았을까? 장강유역에서는 통일왕조가 건국된 적이 없다. 삼국, 5대10국, 남송 등 중국의 분열기에 패왕들의 할거지는 많지만 진시황의 진나라 이후 모든 통일 왕조들은 황하 유역에 그 도읍을 두고 있었다. 中原을 차지하는 자가 중국을 다스린다는 공식은 수

중원의 관문 동관역

천년을 통해 증명되었다.

中原의 江이 黃河다. 황하의 중하류를 더듬어 내려가면서 중국의 오늘과 내일을 거슬러 생각해본다. 西安에서 기차로 한 시간 정도 거리에 황하가 섬서성과 산서성의 경계 진섬대협곡을 지나 물길을 正西방향으로 트는 변곡점이 섬서성의 서쪽 끝 동관(潼关)이다. 동관은 고속철도가 서지 않는 작은 현의 기차역이다. 그러나 潼关은 중국 10대 관문(关门) 중에 제2관문이라는 별칭이 있다. 중원의 전쟁시에 이 동관은 언제나 격전지가 되었다. 바로 중원의 관문이고 황하의 관문이다. 황하를 따라 조금만 내려가면 삼문협(三门峡)에 바로 유명한 천하제일 험관 함곡관(函谷关)이 있기 때문이다.

동관역에 내려 버스를 타고 황하 강가로 가는데 동관은 시내버스가 무료다. 각 도시를 가면 보통 시내버스나 지하철을 이용하는데 시내버스(公交車)의 요금은 1~2위안이다. 도시마다 휴대폰 결재 앱이

동관의 황하

있어서 등록하면 간편하게 탈 수 있는데 하루 이틀 만에 떠나는 여정이기에 1위안 짜리를 충분히 준비한다. 그런데 潼关은 시내버스가 무료였다. 얼마나 편하고 좋던지! 사실 중국에서 1元 짜리 바꾸는 것도 이젠 쉽지 않다. 모두 휴대폰 결제를 하기 때문에 뭐 음료라도 사 먹고 거스름돈을 받는 식으로 1元 짜리를 마련한다. 여간 귀찮은 일이 아니다. 아무튼 지금까지 수십 군데 도시를 다녔어도 시내버스가 무료인 도시나 현은 동관이 처음이다. 아니 유일하다.

동관은 황하의 물길을 서쪽으로 바꾸면서 서안의 华山에서 내려오는 위하와 만나 삼문협으로 내려간다.

오랜만에 황하 강가에 있는 여관에서 밤새 황하의 물소리를 들으며 그동안 걸어온 시간을 떠올려 보았다.

황하를 돌아 본 뚝뚝이

동관의 아침은 陝西省의 특색인 고기빵 로우쟈모(肉夹馍)로 간단히 먹었는데 이 음식의 원조가 바로 이 동관이다. 빵에 고기를 넣어서 구워낸 것인데 이곳의 特色음식이다.

동관의 황하는 부슬부슬 비가 오는 날씨여서 뚝뚝이를 한나절 빌려타고 돌아보았다. 그동안 진섬대협곡은 강을 따라 이동하기가 불가능한 지형이라 강을 많이 볼수 없었지만 이제부터는 계속 강을 따라 내려갈 수 있어 좋다.

이제 동관에서 방향을 틀어 서쪽으로 삼문협(三门峡)으로 들어간다. 천하제일관(天下第一关) 함곡관(函谷关)도 이 삼문협에 있는 관문이다.

삼문협은 황하가 급격히 좁아지는 곳이기에 붙여진 이름이다. 섬서성, 하남성, 산서성의 관문이기도 한 삼문협에는 황하의 제1댐이 있다. 1957년에 공사를 시작해 1961년 완공한 콘크리트 댐이다.

황하에는 청해성에 용양협(龙

황하가 내다 보이는 여관방

동관이 원조인 고기빵 로우쟈모

천하제일관 삼문협

羊峡)의 수력발전소가 있고 중류로 내려오면 삼문협댐과 낙양의 샤오랑띠(小浪底) 정도로 댐이 많지 않다. 그 중 삼문협댐은 가장 먼저 지어진 중국 건설의 상징적인 댐이다. 오래되었지만 댐 아래로 엘리베이터를 타고 내려가 다시 지하 통로로 댐 하단을 돌아볼 수 있게 만

황하 제1댐 삼문협 댐

잠시 푸른 빛을 띠는 샤오랑띠 댐 상부

샤오랑띠 댐의 물기둥

든 것이 대단했다. 댐은 하남과 산서성을 양안으로 지어졌으며 45만 kW의 전기를 생산한다. 이 댐에서 낙양을 가는 길에 맹진현(孟津县)에 세계 최대의 사력식 댐 샤오랑띠 댐이 있다. 이 댐은 우리나라의 소양강댐과 같은 사력식 댐인데 그 규모는 소양댐의 4배 정도 크다. 황토물이던 황하도 이 댐으로 인해 황토가 침전되어 유일하게 이 댐 안에서 푸른 빛을 띠고 있다. 그러나 댐 아래로 가면 방류수가 물대포가 되어 100여m 날아가는데 황하의 황토물 그대로다. 이 댐은 1만 년 빈도의 홍수를 조절하도록 설계되었다고 한다. 이 엄청난 댐을 治水의 王 禹王이 본다면 무슨 생각을 할까? "이것은 치수가 아니야. 그냥 하늘을 거스르는 일일 뿐이야." 그럴까? 아니면 "놀랍도다. 하늘이 지었도다!" 그럴까? 자연 경관의 규모는 말할 것도 없으려니와 인공구조물도 세계 최장, 최고는 다 중국에 있는 것이다.

중국인들은 이 양적인 최대, 최고, 최장을 습관적으로 지향하는 느낌이다. 워낙 바탕이 크기 때문에 그럴 수밖에 없지만 오랜 세월 만들어 온 최고 최대 지향이 몸에 배어 있는 느낌이다.

孟津에서 버스를 타고 중국 4대 古都 낙양(洛陽)으로 가는 길은 중국이 걸어온 길만큼이나 앞으로 헤쳐나가야 할 길이 대륙의 크기만큼이나 무겁게 다가올 것이라 생각해 본다.

낙양(洛阳)-정주(郑州)-개봉(开封) 그리고 宋나라를 가다

낙양을 차지하는 자가 중원을 다스린다. 중국의 어느 도시가 낙양만큼 뭇 왕조의 도읍이었던 적이 있던가? 우리 민요에도 "낙양성 십리허에 높고 낮은 저 무덤은 영웅호걸이 몇몇이며 절세가인이 그 누구냐?" 인생의 무상함을 노래한 성주풀이의 첫 가사다. 낙양의 물길은 황하 洛河, 伊河 등 수 · 당 시대부터 중원에서 운하가 발달해 자연히 낙양은 중원의 허브 역할을 하게 되었다. 물산이 모이고 사람이 모이고 낙양성이 당시 100만의 인구를 자랑할 때도 있었다고 하니 지금의 1천만 도시와는 비교가 되지 않는 상대적으로 큰 규모였을 것이다. 그런 낙양의 첫 느낌은 참 무질서하고 지저분한 도시였다. 특히 구도심이라 그런지는 몰라도 보통 중국은 기차역과 버스터미널이 함께 있는데 고속철이 들어오기 전까지는 도시의 중심기능을 했던 곳이다.

낙양역 앞에 가면 자전거, 뚝뚝이 등이 쉴 새 없이 몰려온다. 걷는게 여간 힘들지 않다. 아무리 중국인들이 여유만만의 성격을 가졌다 할지라도 삶의 질이 도시의 명성에 비해 턱없이 낮다. 하남성이 인구가 많고 상대적으로 빈곤한 성이라 그런가? 많은 인구가 누구에게 좋은 것인가? 생각해 본다. 사람들은 인구가 감소한다고 난리들이다. 지구상에 이렇게 많은 인구가 살았던 적이 없었는데도 말이다.

한 고조 유방이 낙양으로 도읍을 한 이래로 십여 개 왕조가 도읍을 했던 낙양의 오늘은 오히려 서안에 비하여 무언가 온고지신을 못한 것이 아닐까? 섬서성과 하남성의 현재의 차이일까? 하남성은 중국사람들끼리도 왠지 하남성에서 왔다 그러면 약간 낮춰 보는게 있는 이유가 이런데 있나 싶다. 하지만 이것은 순전히 내 주관적 느낌이라는 것을 밝혀둔다. 사실 서안의 장안성과 낙양의 고성의 관리와 보존상태 그리고 그를 이용하는 것을 보면 서안이 훨씬 수준 높은 문화능력을 가지고 있는 것은 사실이다.

하남성의 省都가 郑州로 되어서 그런 면도 없지 않아 있을 수 있겠지만 고도 洛阳에 와서 오늘의 중국을 생각해본다. 낙양의 역사를 둘러보고 있는 오늘 홍콩 사태는 결국 캐리 람의 녹취록을 계기로 반송법 철회로 결정을 내린다. 중국인들에게 물어보면 열이면 열 옳고 그름을 떠나 홍콩문제에 중국 당국의 태도는 단호할 것이라는, 아니 단호해야 한다는 것이다. 반송법의 철회가 그 단호함과는 별개일 수 있다. 몇 년 전 국가보안법 당시도 철회로 끝이 났으니까. 이번에는 좀 다르겠지 생각을 하고 있는데 철회로 결정나지 않았는가? 왜 그랬을까? 가장 큰 이유는 건국 70주년 기념일을 앞두고 사태의 악화를 피하고 싶었을 것이다. 건국 후 최대의 열병식과 전국에서 벌어지는 다양한 행사들은 시진핑 신중국 노선의 확장과 공고함을 위한 너무도 중요한 일이기 때문이다. 일보후퇴 이보전진의 전술적 후퇴라고 생각한다. 이제 중국에게 중원은 관심의 후순위다. 홍콩, 대만, 티벳, 조선 등 중국을 둘러싸고 있는 변방들이 온통 중국을 신경 쓰게 하는 요소들이다. 중국의 미래를 좌우하는 신중국의 함곡관이다.

낙양에서 주일 아침을 맞았다. 낙양의 시외버스 터미널과 낙양역은 서로 마주 보고 있는데 기차역과 버스터미널은 이웃해 있는 게 중국의 특징이다. 낙양 시외버스 터미널은 유동인구도 많고 어수선하기 이를 데 없다. 샤오랑띠 댐을 한 번 더 가려고 터미널에 가서 "小浪底一个人(샤오랑띠 이거런)!" 했더니 표를 주는데 자세히 보니 소림사(少林寺)행 표를 주는 것 아닌가? 소림사가 샤오린스shăo lín sì로 발음되는데 샤오랑띠xiăo làng di를 샤오린스shăo lín sì로 들었나보다 생각하고 표를 바꿔 달라 했더니 少浪底표는 없다고 하면서 환불도 안

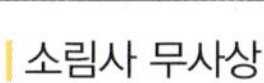

소림사 무사상

중원 5악중 중악인 숭산

해준다. 내 중국어 발음이 안 좋은 걸 탓하며 소림사를 갔다 오자고 마음을 바꾸어 버스를 탔다. 주일날 아침 명색이 교회 장로인 내가 본의 아니게 소림사로 인도(?) 되었는데 이를 어찌할꼬? 웃으면서 낙양과 정주 중간에 있는 등봉시(登封市)의 소림사로 갔다.

소림사는 중국 5악 중에 가운데 중악인 숭산(崇山)에 있는 유명한 절이다. 소림사가 있는 登封市는 시 전체가 무예 수련을 하는 학생들로 만원이다. 몇 만 명이 각종 무예학교에서 무술을 배우고 수련을 하고 있다.

사실 소림사를 세계인에게 알려준 것은 아이러니하게도 반환되기 전의 홍콩의 무술영화 덕분이다. 이때 세계적인 이름을 얻었고 그 후 소림사는 사람들에게 관광 상품으로 더 각광을 받게 되었다. 사실 중국의 관광지에는 생각보다 외국인이 그렇게 많지 않다. 중국이 가지고 있는 관광자원은 무궁무진하다. 규모뿐만 아니라 세계적인 절경과 문화유산 등 관광만으로도 먹고 살 수 있을 것 같은 경관을 가지고 있다. 또 가는 곳마다 유명한 곳은 중국인 관광객으로 발 디딜 틈이 없다. 2018년 한 해 중국에 입국한 외국인이 1억 4천만이라고 한다. 그 중 1억은 홍콩, 대만 등 중국 경내의 사람들이고 순수 외국인은 4천만 정도이다. 중국인들이 한 해 해외로 나가는 여행객도 1억 5천만 정도로 해마다 10% 이상 증가하고 있다. 중국은 외국관광객 유치에 한국만큼 적극적이지 않다. 너무 유명한 곳이 많아서인지 자국 관광객만으로도 충분해서인지 외국인이 너무 많이 오면 여러 가지 피곤한 일이 많아서인지 모르지만 소림사에서 몇 명의 서양인을 보면서 이런 생각을 했다.

장강과 황하를 걸으면서 서양인들을 비교적 많이 본 곳은 대도시를 빼고는 삼협과 병마용, 그리고 소림사 정도이다. 그 외에 만리장성이나 리장의 고성 등에는 제법 되지만 어디든 중국인(내국인) 관광객에 비하면 외국인은 거의 없는 정도다. 중국내 한국인 관광객도 마찬가지로 이젠 별로 없다. 92년 수교 후 10여 년은 상대적으로 중국 경제가 열악하고 환율도 한국 돈의 가치가 우월해서 많은 사람들이 중국엘 갔다. 지금은 동남아로 그 발길을 돌렸지만 말이다. 중국은 2019년으로 1인당 GDP가 1만 달러 시대로 접어들었다. 90년대, 2000년대 초만해도 중국에는 매춘이 활발했다. 현재는 거의 자취를 감추었다 해도 과언이 아니다. 이것도 한국인 단체관광과 깊은 연관이 있다. 한국돈 가치없지, 매춘도 못하지, 동남아로 가는 이유 중 두 가지가 아닐까 싶다. 거기에다 사드 이후로 안좋아진 감정까지 겹쳐서 한국인 관광객의 감소가 눈에 띄는 것이다. 한국이 중국을 바라보는 수준이 이런 정도라면 심각하게 한국인들은 스스로를 돌아보아야 할 때가 아닐까?

중국의 농산물 가격1, 2

황하를 내려오다 보니 어느덧 추석이 가까워 온다. 중국은 중추절이라고 하지만 우리처럼 그렇게 큰 명절이 아니다. 10월 1일 국경절이 가깝기에 더 그런지도 모른다. '추석의 시장 분위기는 어떤가' 한번 가 보았다. 정주(郑州)의 제법 큰 시장이다. 나는 농산물 가격에 관심이 많다. 눈에 띄는 것은 바로 쌀값이었다. 500 g에 1.99元, 2위안 정도이다. 10 kg에 7,000원 정도 우리는 30,000원 정도, 4배가 싸다. 다른 곡식들도 대부분 우리와는 3~4배의 가격 차가 있다. 1인당 GDP 1만 달러 대 3만 달러와 비례하는 가격일까?

정저우는 추석보다 오히려 10월 1일 국경절 준비에 바쁘다. 일주일을 쉬는데 당연하지 않을까? 정저우 시내의 상가에는 온통 오성홍기로 그 분위기를 돋우고 있었다.

황하에는 장강과 달리 부교가 있다. 유량의 연교차가 커서일지도 모른다. 철선을 연결해서 다리를 놓았는데 정저우의 부교가 두 번째 건너보는 황하 부교이다. 아마 이들 부교는 군사적 목적도 있는 듯했

상가의 오성홍기

다. 황하의 물소리를 들으며 건널 수 있다는 느낌만으로도 나는 부교가 참 좋았다. 연암이 들었던 烈河의 물소리가 이런 소리였을까?

섬서성 동쪽 끝 동관(潼关)을 지나면서 서쪽으로 물길을 튼 황하는 하남성 구간 삼문협, 맹진 샤오랑띠, 낙양, 정주, 카이펑을 지나 상구를 넘으면 이제 그 황하의 마지막 성 산동성(山东省)으로 들어간다.

카이펑(开封)은 역대 7개 왕조가 도읍으로 정했던 유서깊은 古都이다. 그중에서도 카이펑은 宋나라의 도읍이었다. 중국역사는 唐 · 宋 이전과 이후로 나뉜다 해도 이의를 달 사람은 없을 것이다. 당 · 송이 있기 위해서 이전의 제국들이 있었고 당 · 송이 있었기에 이후의 제국

당삼채 여자용, 당삼채 말, 당삼채 다기

들이 꽃을 피웠다. 낙양 박물관은 당삼채(唐三彩) 박물관이다.

당삼채는 당나라의 도자기가 황 · 록 · 적의 색을 조화롭게 하여 아름다운 작품들을 만들었다는 데서 그 이름을 얻었는데 당나라의 브랜드 이미지라고 하면 될 것이다.

룽먼석굴(龙门石窟) 또한 당나라 때 완성된 중국 3대 석굴이다. 불가사의에 가까운 작업들이다. 서안의 장안을 보고 낙양의 당나라의 유적들을 보고 나면 어느 왕조가 唐만하겠는가? 생각이 절로 든다. 한반도의 3국 시대의 세력들과도 밀접히 긴장하며 삼국의 통일과 분열의 결정적 영향을 미치고 서쪽으로는 이슬람, 유럽, 인도까지 실크로드의 화려한 제국을 만든 당이다. 그런데 우리에게 당나라는 '당나라 군대'로 폄하되는 웃지 못할 이해 수준을 가지고 있는게 현실이다. 중국사람에게 '당나라 군대'를 아느냐 물었더니 아무도 그런 말을 몰랐다. 오히려 당나귀가 그냥 나귀

정저우역

개봉역

룽먼 석굴

인데 당나귀인걸로 봐서 이미 당나라에서 온 가축임을 말하는 것 아닐까? 그만큼 당은 문화 경제적으로 제국의 풍모를 잘 갖춘 중국의 왕조였다. 당삼채를 당초 무늬라 하기도 하고 조선 여인들의 가죽신 당혜(唐鞋)도 다 당나라의 문물들이다. 당나라는 화려한 자기 시대를 뒤로하고 5대10국으로 분열되었고 이를 통일한 왕조가 바로 宋나라였다.

송나라는 우리의 고려시대와 겹치는 대륙의 왕조였다. 정저우에서 개봉은 기차 요금이 12.5元일 정도로 가까운 거리이다. 정저우를 떠나 개봉으로 가는 기차를 타고 가면서 당나라를 떠나 송나라 가는 기분이었다.

북경의 국립 중앙 박물원에 가면 청명상하도(清明上河图)라는 그림이 있다. 바로 북송시대의 开封을 그린 풍속화인데 그림의 크기가 24.8 cm × 528.7 cm 로 북송 당시의 개봉을 상세히 그린 그림이

다. 이 그림을 토대로 만든 개봉의 청명상하원(清明上河园)이 있다. 그 자체로 역사교과서이다. 그림 하나가 얼마나 위대할 수 있는지 이 청명상하도를 보면서 그를 재현한 청명상하원을 보면서 알 수 있었다.

중국의 스토리텔링은 대륙의 기질을 그대로 나타낸다. 그 규모, 과장, 그리고 창의성까지 중국 어디를 가나 그렇게 현대적 감각으로 재구성해 놓았다. 그것

군복을 입은 중학생들

이 중국정부의 문화정책이기도 하다. 거기서 수학여행을 온 한 떼의 중학생들을 만나 그들과 함께 나도 수학여행을 했다.

탁본 체험을 하던 중학생과 이애기 저애기 하다가 문득 50년 전 중학교 시절 내 모습과 똑같은 느낌의 아이를 만나 사진 한 장 찍자고 부탁을 했더니 이렇게 귀엽고 촌스럽게(?) 응해주는 것 아닌가? 우리에게도 이렇게 한 시대를 보여주는 문화역사 학습의 장이 있었으면 좋겠다.

수학여행중에 만난 중학생

지나는 길에 한 비림(碑林)을 보았는데 낯익은 이름이 있어 보았더니 김영삼 전 대통령의 글씨를 비에 새겨 전시해 놓았다.

전시된 김영삼 전 대통령 글씨

서안의 병마용을 갔을 때 박근혜대통령 사진을 보아도 반가웠는데 모국이란 그런건가 보다.

송나라는 과거 제도를 만든 왕조이다. 우리가 고려 때 과거제도를 만든 것도 송나라에서 받아들인 것이다. 개봉부에 가면 과거제도에 대해 하나의 전시실을 두어서 설명하고 있다. 오늘날까지 국가의 공직자를 뽑는 전형이 이때 만들어졌던 것이다. 송나라는 文武의 구별이 분명해졌고 그러면서도 "문과도 능히 무예를 할 줄 알아야 하고 무인도 그러하여야 한다." 오늘날에 와서도 사람들은 이 시험 즉 바로 송나라 때 만들어진 인재등용의 시스템에서 크게 벗어나지 못하고 있다.

카이펑(开封)을 떠나 상츄(商丘)를 넘어가면 황하의 마지막 성 산동성의 허저시(菏泽市) 동명현(东明县)이다.

문무겸비

황하의 마지막 종착지 산동으로 들어오다

사람들은 최신 휴대폰을 쓰면서 자신의 의식도 최첨단일거다 착각하며 살고 있다. 한국의 기독교인들은 자신이 기독교인이라는 것 하나만으로 중국인보다 월등한 세계관을 가지고 있다고 생각한다. 중국의 많은 교회를 다니면서 그것이 얼마나 우물 안 개구리 같은 생각이었나 돌아보았다. 춘추전국시대는 철기와 청동기가 혼용되던 시대다. 그렇다고 석기나 토기도 완전히 버리지 않았다. 보통 청동기, 철기 등은 무기로 먼저 사용되고 그 다음 생활 도구로 만들어지는 게 순서였다. 예수가 살던 시기는 로마의 철기시대이다. 그렇다고 공자나 예수의 생각이 최신 휴대폰을 사용하는 사람보다 못한가?

사람은 진화된 존재가 아니다. 그저 도구를 변화시켜왔을 뿐이다. 사람이 진화하지 않았다는 증거를 찾는 것이 진화했다는 증거를 찾는 것보다 훨씬 쉽다.

5G시대를 살고 있어도 한국인의 정치의식은 전근대적인 경우가 허다하다. 중국인들은 어떤가? 모든 사람들이 하루 종일 휴대폰을 쳐다보며 산다. 무엇을 사든, 어디에서 사든, 누구에게 사든 휴대폰으로 결제한다. 한국인들보다 결제 수단으로의 휴대폰 사용은 훨씬 앞서간다.

열차를 타고 开封에서 산동성 허저(菏泽)로 넘어 오면서 하남성이 옛 왕조들의 도읍을 독차지 하다시피한 중원의 중심지였는데 지금은 모든 지표에서 중국의 성들 중에 뒷 줄에 선다. 실제 하남성을 다녀보면서 무질서하고 지저분하고 소득수준도 타 성에 비해 낮으니 사람들도 자신만 생각하기에도 급급한 모습이다.

1억에 가까운 인구를 가진 하남성의 낙후가 어디에서 비롯되었을

산동성의 허저역

까? 유난히 전동자전거, 뚝뚝이가 많고 시내가 혼잡스럽다. 5G시대의 중국, 그리고 하남성, 우리시대의 불균형을 생각해 본다. 이 물질과 의식의 불균형이 크면 클수록 사회는 불안하고 개인은 불행하다. 이런 생각을 하는 동안 기차는 산동성의 가장 서쪽의 관문 허저(菏泽)역에 도착했다. 역전 마당에는 한 떼의 군인이 줄을 서있다. 나그네의 호기심이 이것을 놓칠 수 있을까? 다가가 보니 갓 입대한 신병들이었다. 소정의 훈련을 마치고 소속부대로 가는데 가족들과 만나고 이제 기차를 타고 떠날 모양이다. 카메라를 들고 가니 부동자세로 군인답게 포즈를 취해준다. 어디나 젊은이들은 안쓰럽고 이쁘다. 부디 군생활 잘하라고 손짓하며 황하의 산동성 출발지 동명현(东明县)으로 간다. 이제 황하의 마

입대하는 중국의 젊은이들

양육탕

지막 흐름은 산동성이다. 이 여행의 종착지도 산동성이다. 황하는 산동성에서 시작할 때는 동명현으로 들어와 동영시(东营市)를 통해 발해만으로 나간다. 東字 돌림이 재미있다. 어쨌든 황하는 동쪽으로 흐르니까.

중국 여행을 하면서도 정말 맛있다 하는 음식을 먹었던 기억이 별로 없다. 중국 음식을 그렇게 좋아하지 않기 때문이기도 하지만 사실 비싼 요리를 먹을 기회도 별로 없었다. 기억에 남는 음식이 있다면 티벳 린즈시에서 먹은 야크 육회가 참 맛있었다. 야크 고기를 파는 식당엘 갔는데 정육점도 겸해서 하는 집이었다. 하지만 육회는 없었다. 고기가 아주 싱싱해 보여 육회로 먹고 싶다고 하니 한 접시 갖다 주는데 부드럽고 고소한 게 한우보다 맛있었다. 그리고는 허저역 근처에서

허저의 양육탕 집

먹은 양육탕(羊肉汤)이다. 단현(单县)은 허저의 서남부에 있는 작은 현인데 양육탕이 이 단현의 전통음식이다. 보양식으로 꽤 유명한 음식이라고 주인이 일러준다. 한 그릇에 15元 하는 걸로 하나 시켰는데 우리네 곰탕맛인데 입맛에 딱 맞는게 그동안 그저 의무적으로 먹었던 내 입에서 '아! 맛있다' 소리가 절로 나왔다. 티벳에서 야크 육회 먹고 떠난 지 3개월, 오랜만에 흡족한 음식을 먹었다. 이제 발해까지 한 달여 힘차게 갈 것 같다. 맛있는 음식 한 그릇이 이렇게 감사하다니.

산동성 황하의 시작은 동명현이다. 허저시에서 버스를 타고 한 시간여 가면 동명현이 나온다. 이곳의 황하는 그저 아무런 개발도 되지 않은 평범한 강이다. 가장 자연스러운 강이다. 멀리 보이는 다리는 산동성과 하북성을 잇는 황하 대교다. 허저(菏泽)는 시진핑의 부인인 펑리위안(彭丽媛)의 고향이다. 시진핑은 섬서성 부평 사람이고 산동 사람 펑리위안과 결혼한 것이다. 우리에게 알려지진 않았으나 인구 800만의 대도시로 공장이 많아서인지 공기가 좋지 않다. 사람들은 친절하고 펑리위안의 고향이라 약간의 기대를 하는 느낌도 있다.

정치의 기본은 정권의 임기를 관통하는 정책이 있어야 한다. 예를 들면 박정희의 1,2,3차 경제 개발계획, 시진핑의 신중국, 등소평의 실용주의 등 뭔가 온 국민이 쉽게 이해할 수 있어야 한다. 국민이 쉽게 이해할 수 있다는 것은 바로 지금 눈앞에 가장 원하는 것일 때이다. 그런 의미에서 한국의 민주당이 정권만 잡으면 내거는 '개혁'은 사실 정책 노선이 아니다. 그 정책을 실현하기 위한 부제로서 적당하다. 그러나 정권을 잡으면 그동안의 문제를 말하면서 개혁만을 되뇌인다. 검찰을 만나면 검찰개혁, 농민을 만나면 농정개혁, 학교에 가면 교육개혁, 군대에 가면 국방개혁... 개혁이 구호가 되어선 안된다. 그것은 정권을 잡은 게 아니라 잡는 과정의 구호일 때는 타당하다. 그러면 한국에선 무엇이 이 시대의 정책 노선이 되어야 하는가? 중국의 장강과 황하를 걸으면서도 한국의 뉴스에 늘 귀를 기울이며 걸었다. 중국의 놀라운 발전을 볼 때에는 우리도 그랬으면, 중국의 불합리한 모습을 볼 때에는 반면교사로 삼아야지 하면서 걷고 또 걷는다.

중국에 일 년 남짓 머무는 동안 두 번의 북미회담과 오랜만의 북 중 정상회담이 있었다. 그만큼 한반도는 평화를 노래하지만 서로 간의 첨예한 이해관계가 터질듯한 용수철처럼 당겨져 있는 곳이다.

일 년 동안 4개국 정상이 만나도 세간의 이야깃거리만 되었지 한 해가 저무는 2019년 말은 여전히 서로를 협박하는 언어만 남고 말았다. 그렇다면 한반도의 현실을 좀 더 냉정히 보자. 중국에서 본 북한은 어떤 존재인가? 외교적 수사로는 혈맹이다, 피를 나눈 형제다. 모택동의 장남이 한국전쟁에서 목숨을 잃었다. 그리고 북한은 해양세력, 즉 미국과의 전선에서 중국으로선 입술과 같은 존재이다. 전선을 우리의 휴전선으로 남하시키고 북한이 이를 목숨 걸고 지켜주고 있다. 만약에 압록강, 두만강이 미국과의 전선이라고 생각해보자. 중국의 피로감은 지금의 몇 배가 될 것이다. 한편 북한은 철저한 자주 노선이다. 미국으로부터의 자존만이 아니라 중국으로부터의 자존도 지키고 싶은 것이다. 그것이 북한 정권의 생존 방식의 핵심이다. 그러나 어디를 가더라도 중국 기차를 빌려 타고 비행기를 빌려 타는 모습 속에 그 자주성의 양면성을 감출 수는 없는 것이 유감이지만.

중국 사람들의 대부분은 북한이 개혁개방을 해서 자기들처럼 잘살면 좋을 텐데 하면서 무시하는데 전략적으로는 고마운 존재라는 걸 안다. 그렇다면 중국이 보는 한국은 어떤 존재인가? 산동 허저에서 만난 한 택시기사는 내가 한국사람이라니까 아주 반가워하면서 한국사람은 돈이 많고 자동차, 휴대폰이 좋다고 자기도 한국에 가보고 싶다고 늘어놓는다. 일반 서민들의 한국에 대한 평범한 인상이다. 그러나 한국을 조금 더 아는 사람들은 이내 비판적이다. 한국 생활을 꽤 한

중의사 한사람은 한국의 의료문제, 양 · 한방 문제 등을 언급하며 근본적으로 잘못되었다면서 북한도 어리석은 나라다, 라며 미국으로부터 한국이 자유로울 수 있겠는가? 뼈있는 질문도 빼놓지 않았다.

허저에서 석가장 가는 일반 기차표

어느 중국의 지식인이 나에게 한 말이다. "중국 사람들은 일본은 두려워하면서 배우려하고 한국은 좋아하면서 우습게 보고 북한은 무시하면서 고마워한다."고 했다. 참 솔직한 표현이라 생각했다. 이런 한반도 환경 속에서 자주와 발전, 수치로 굳이 말한다면 자주적이면서 GDP가 5만 달러인 한반도는 어떻게 가능할까?

산동성을 넘어와 이제 황하는 한반도를 향해 얼마 남지 않은 여정을 앞두고 흐르고 있다. 이국에서 배낭 하나 메고 그야말로 묵언수행으로 수 만리를 돌아오다 보니 추석 명절이 코앞이다. 명절이 되면 사람들은 일상을 접고 지나온 일상을 돌아보고 못 만나던 친지형제를 만나고 싶어한다. 그것이 세시풍속이 갖는 재충전의 의미일지도 모른다.

황하의 마지막 구간 산동성의 출발지 허저의 동명현을 돌아보고 잠시 황하를 벗어나 중추절을 보내고 싶어졌다. '이웃한 하북성과 산서성을 돌아 다시 황하로 오자' 마음먹고 하북성의 성도 석가장(石家莊)표를 샀다.

36 황하에서 맞는 추석명절 – 여행 중의 휴가

이번 추석명절 중국 트레킹 코스는 산동성의 허저를 출발해서 하북성의 성도 석가장(石家庄) 그리고 산서성의 성도 태원(太原)으로 가는 여정이다. 태원에서 오대산과 태행산을 들러 다시 황하로 돌아오는 여행 속의 여행이다. 여행 속의 휴가이다. 하북성은 우리의 경기도와 그 느낌이 비슷하다. 5개 성과 접하고 있고 발해만을 끼고 있으며 성내에 두 개의 특별시 그것도 수도인 베이징과 외항인 천진이 있다. 경기도에 서울과 인천이 있는 것과 흡사하다. 그 하북성의 성도가 바로 석가장(石家庄)이다.

사실 하북의 석가장과 산서의 태원을 가봐야 중국의 모든 성도를 다 가보는 것이기에 이 여행을 추가한 또 다른 이유이기도 하다. 기록을 위해(?)서 말이다.

산동에서 황하 철교를 건너 달리는 기차에서 보는 하북성의 풍경은 그냥 옥수수 밭이다. 가도 가도 끝이 없는 옥수수 밭이다. 중국에서 가장 재배 면적이 많은 작물이 옥수수가 아닐까? 어디를 가든 옥수수 밖에 보이지 않는 듯한 기분이다. 기차에서 중국 포털을 검색하니 내몽고와 동북에서 35%, 하북, 산동, 하남에서 30%의 옥수수를 생산한다니 내 눈짐작이 정확하다는 생각을 해본다. 두 지역이 1억 톤이 넘는 옥수수를 생산한다. 이것이 대륙의 스케일이다.

열차 번호가 K1396, 즉 K로 시작하는 기차는 일반 기차다. 500 km 남짓한 서울 ↔ 부산 정도 거리를 7시간 정도 가는 기차니까 우리의 통일호라고나 할까? 가는 내내 옥수수 밭 밖에 못 보았으니 얼마나 옥수수 밭이 크다는 말인가?

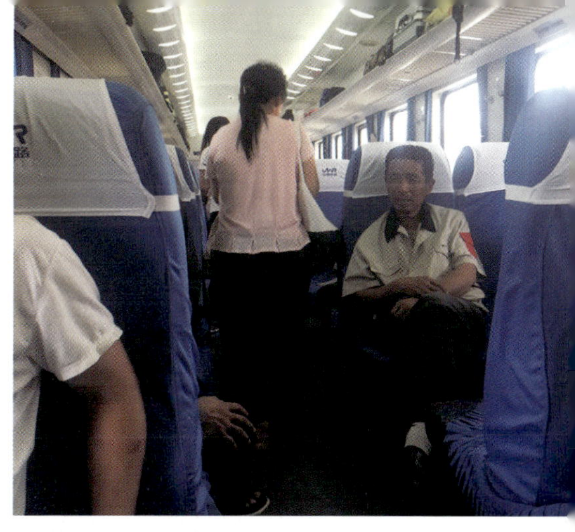
석가장 가는 기차안에서

11시 45분에 출발한 저녁 기차가 저녁 7시가 넘어서야 석가장에 도착했다.

중국의 성도에 가면 의례 박물관을 간다. 그 성의 역사, 문화적 특징 등을 잘 알 수 있기 때문이다. 하북성은 춘추전국시대 조(赵)나라의 땅이다. 비교적 시대별로 볼만한 것이 많은 박물관이다. 하북, 산동, 산서 등의 박물관은 춘추전국시대 이야기가 많고 하남, 섬서 등은 진시황이후 당 · 송대 이야기가 많다.

2019년은 중국 건국 70주년이라 박물관마다 중국 공산당의 70년史를 특별 전시하고 있었다. 석가장의 하북 박물관도 예외는 아니었다.

중국 공산당의 당원은 예비 당원이 끝나고 이 선서를 하면서 정식

석가장역

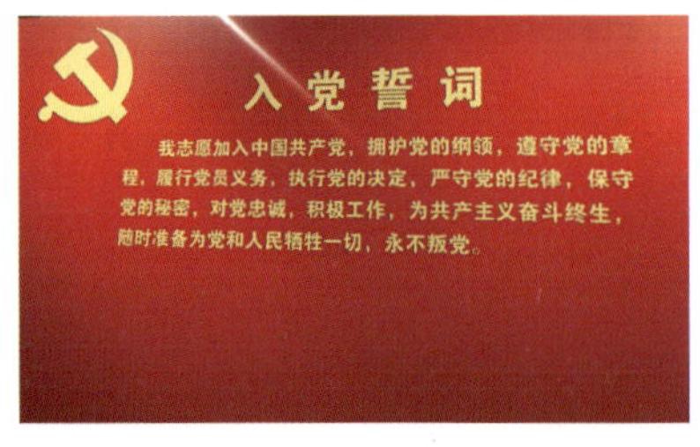

입당 선서문

중국 공산당 70주년 전시

당원이 된다. 중국 공산당원은 1억에 가깝다. 그중 여성 당원이 25% 정도 2,500만이다. 거대 중국을 이끌어 가는 실질 영도 세력이다. 중국 공산당의 변화와 혁신 그리고 그 역사는 러시아를 비롯한 다른 공산주의, 사회주의 국가와는 확실히 차별성이 있다. 그것이 중국이 가지고 있는 전통의 역량에서 비롯되었다고 생각한다.

중국 공산당은 계속 실험 중이다. 그리고 변화 중이다. 왜냐하면 5,000년 중국역사에서 가장 넓고 가장 질 높은 통일 국가를 만들고 있으니 말이다.

중국 공산당의 미래가 곧 중화

하북성 박물관

인민공화국의 미래다. 5,000년 역사 중에 70년은 이제 걸음마를 뗀 아이의 시간일지 모르지만 중국이 세계에서 가장 영향력 있는 나라가 된 것은 누구도 부인할 수 없다.

석가장 시정부

석가장시 인민정부 건물 앞에 정면으로 마주 보며 모택동 동상이 서 있다. 석가장시 공산당원들은 하루종일 저 동상을 바라보며 일을 한다. 저 동상을 대체할 인물은 당분간 없을 듯 싶다. 100년의 시간이 공존하는 중국, 거리에서 자전거 수리를 하는 노부부와 휴지를 주우며 사는 노인도 오늘 중국을 사는 중국의 변화를 보아온 사람들이다.

추석을 앞두고 석가장을 떠나면서 중국 호텔지배인이 꼭 한번 보

거리에서 자전거를 수리하는 노인

폐지를 모으는 노인

조주교를 건축한 이춘

고 가라고 권해서 간 곳은 바로 조주교(赵州桥)였다.

조주교는 석가장시 조주현(赵州县)에 있는 석교다. 조주현(赵州县)은 이 곳이 춘추전국시대 赵나라의 중심지였던 모양이다. 이 다리는 현존하는 세계 최고의 석교라고 한다. 수나라시대 李春이라는 장인이 만들었다고 전해지는데 그 과학적이고 섬세한 기술이 사람들의 찬사를 받아왔다. 다리 주변에는 민간전설, 후대의 시, 노래 등이 새겨진 조각들로 그 아름다움이 전승되어온 특별한 다리이다. 이 다리를 건너면 100년 된 월병가게가 있는데 마침 추석명절이라 사람들이 줄을 서서 차례를 기다리고 있다. 월병 한 봉지를 사들고 태원 가는 기차를 탔다.

太原은 인구 400만 남짓한 성도치고는 작은 도시이지만 깨끗하고 짜임새있는 도시라는 느낌을 받았다. 중국의 도시는 어디나 젊은이들

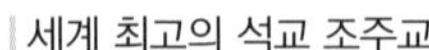
세계 최고의 석교 조주교

로 만원이다. 태원도 마찬가지, 역에서 숙소까지 40여분, 시내버스를 탔는데 출발할 때부터 만원인 버스가 내릴 때까지 몸을 움직일 수 없을 정도로 붐볐다. 중국의 만원 버스를 타보면 남을 배려하지도 않지만 다른 사람을 탓하지도 않는다. 거리도 무질서해 보이지만 어떤 흐름이 있다. 무단횡단, 유턴 모두 자기 책임이다. 이런 상황에서 일일이 제어한다는 것이 오히려 비효율적일지도 모른다는 생각을 했다.

100년된 월병 가게

2019년 추석을 산서성의 성도 太原에서 맞았다. 태원역을 나오니 대학생들이 신입생을 안내하는 피켓을 들고 쏟아져 나오는 지원자들을 데리고 갔다.

추석날 아침 숙소에서 중국 CCTV 뉴스 채널을 보고 있는데 주요

태원역

역 앞에서 신입생들을 안내하는 대학생들

뉴스가 돼지고기 수급문제였다. 중국도 ASF로 돼지고기 공급이 부족해 돼지고기 값이 30%나 올랐고 물량도 달려 추석을 앞두고 이런 뉴스를 내보내는 것이다. 돼지고기 자급율을 95%로 올리고 돼지 사육을 촉진하기 위해 4개 현을 중점 지원한다고 이례적으로 국무원이 나서서 발표를 했다. 전세계 돼지 수출 물량은 800만 톤인데 이는 중국 생산량의 15%도 안된다면서 1개 현에 3,000만元을 지원하겠다, 이런 내용이었다. 돼지고기 값이 1 kg에 2018년에 20위안 내외였던 것이 지금은 30위안이 넘는다. 추석 민심을 달래지 않을 수 없는 모양이다.

방송을 보면서 상상해 보았다. 중국 인구 15억이 1인당 100 g씩 돼지고기를 먹는다면 1억5만 kg이 필요하다. 이는 90 kg 돼지 166만 마리를 잡아야 한다. 1인분 200 g을 먹는다면 320만 마리이다. 우리나라 총 돼지 사육두수가 1천만 두 정도 되니까 삼분의 일을 잡아야 하는 양이다. 이것이 15억이 갖는 사이즈이다.

중국 사람들은 아직 담배를 많이 피우고 또 좋아한다. 중국인들의 1년 연초비가 우리돈 500조원이라고 한다. 우리나라 1년 예산이

2019년 처음 500조를 넘었다. 중국인들 1년 담뱃값도 안 되는 예산을 가지고 어지간히 싸우기도 싸우는 나라라고 생각하면 웃프다는 말이 새삼스럽다. 이런 한가한 공상을 하며 이국에서 추석을 맞이하는 나그네는 산서의 성도 태원의 박물관과 도서관엘 가보았다.

산서박물관은 마침 수리 중이라 조금 떨어져 있는 산서 지질박물관을 갔다. 추석이라 그런지 부모와 함께 온 어린이들이 꽤 많았다. 산서 지질박물관은 황하 유역의 잘 발달된 지층에서 발견된 각종 화석과 암석을 다채롭게 진열하였고 특히 운석 진열관이 한국인인 나에게는 볼만했다. 중국은 광대한 땅을 가지고 있어 그만큼 운석도 많이 떨어지는 나라이다. 50 kg짜리, 17 kg짜리 운석에서 1.4 g까지 다양하다. 지질박물관 규모가 3만 m^2로 들어가면 지구의 이해에 많은 공부가 된다. 우리도 이런 지질박물관이 있으면 얼마나 좋을까? 부러운 박물관 중의 하나였다.

산서 지질 박물관

운석1,2

태원에는 산서박물관, 산서지질박물관과 태원시 도서관이 나란히 이웃해 있다. 태원 도서관은 입구에서 중국의 일상인 몸검사를 안하고 자유롭게 출입하는 게 이상했다. 내부 공간도 중앙 홀에서 모든 열람실이 보이도록 설계되었다. 추석날인데도 많은 사람들이 열람실을 채우고 있었고 도서관 좌석 및 열람객 분포, 베스트 대출 순위, 현재 인원 등이 현황판에 실시간으로 나타난다. 아이들도 북카페에서 재미

태원 도서관 1,2

있게 수다도 떨고 나그네도 한잔의 커피를 시키고 책을 한 권 꺼내 보았다.

중국의 추석 분위기는 사실 우리처럼 흥청거리지 않는다. 거의 추석임을 느끼지 못할 정도라고 해야 할 것 같다. 이따금 선물 들고 다니는 사람이 있을 뿐 평상과 다름이 없다.

그동안의 고단한 여정 속에 잠시 황하를 벗어나 추석휴가를 나름대로 즐기는 재미가 있다. 박물관과 도서관에서 힐링하면서 말이다. 돌아오는 길은 태원 시내를 가로지르는 펀허(汾河)를 걸었다. 펀허(汾河)는 황하의 제2지류이다. 태원은 이 汾河의 도시이다. 잘 가꿔진 강가를 거닐면서 이 강이야말로 산시의 대동맥이라는 생각을 했다.

황하의 제1지류는 감숙성에서 내려와 란저우에서 황하와 합류하는 위하(渭河)인데 나는 이 위하(渭河)를 黃河의 감숙원두(甘肅源头)라 부른다. 汾河를 걸어 숙소로 들어가니 추석 보름달이 떠오른다. 7년 전 운남성에서 맞은 추석 이후로 두 번째이다. 이렇게 걸으면서 추석을 보낸다.

도서관의 모든 정보를 실시간으로 전광판에

중국의 불교성지를 꼽으라면 사천성의 아미산(峨眉山)과 산서성의 오대산(五台山)을 꼽는다. 아미산은 사천성 청뚜에서 가본 적이 있는터라 아미산보다 훨씬 규모가 크다는 오대산을 가지 않고 산서성을 보았다 할수 없다고 호텔 직원이 권하기도 해서 중국인 단체 '一日游'를 300元에 신청해서 중국인들과 하룻길을 다녀왔다. 중국의 국가 5A급 관광지가 대부분 세계문화유산이고 지질공원이고 자연보호구역이다. 게다가 오대산은 중국인들이 좋아하는 표현을 빌면 중화10大명산, 중국불교4大명산, 세계불교5大성지라고 써놓았다.

추석 명절을 맞아서 그런지 사람들로 인산인해였다. 풍경이나 유적들은 너무나 유명해 모르는 사람이 없을 것이다. 나는 오히려 사람들의 행동 하나하나에 재미와 관심이 있다. 그 많은 사람들이 차례를

태원의 장강 지류 편허1, 2

기다리며 불공을 드리는 게 너무 신기했다. 엄청난 예물, 꽃, 향을 저마다 사서 기도를 하는걸 보면서 '관광이 아니라 예불을 드리러 왔구나' 생각하고 가이드에게 저 사람들은 무슨 기도를 하냐고 물었더니 "오늘 중추절을 맞이해서 기도하는 거예요. 가족, 건강, 부자되게 해달라고요." 하면서 웃는다. 중국인들의 신앙관은 실용적, 현세적, 구복신앙이다. 그럼에도 진지하고 생활 속에 젖어있다. 원나라 때 쌓았다는 오대산의 상징인 대백탑을 뒤로하며 '내 신앙도 저들과 다른 게 뭐 있겠나' 하는 생각을 해보았다.

내려오면서 가이드가 여전히 열심히 안내를 하느라 시끄러워 한국 소식을 검색해보니 황교안의 삭발 소식이 뜬다. 저 삭발의 의미는 무엇일까? 수도승들의 삭발과는 어떻게 다를까? 언뜻 내 뇌리를 스치는 일감은 황교안의 나머지 인생이 바닥으로 떨어진 걸 상징적으로 보여

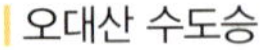

오대산 수도승

엄청난 참배객들

주는 것이라 생각했다. 그동안 권력의 편에서 높은 곳만 바라보고 살았으니 이제 바닥에서, 거리를 뒹굴며 낮은 곳으로 낮은 곳으로 떨어지고 또 떨어져 살라는 그가 믿는 하나님의 뜻이라는 생각이 들었다.

太行山脉은 중국을 남북으로 가로지르는 산맥이다. 섬서의 진령이 동서로 뻗어 중원을 남북으로 가른다면 태행산맥은 남북으로 뻗어 중원을 동서로 가르는 산맥이다. 이 협곡이 장치(长治) 협곡인데 이곳을 통과해 나는 다시 내 여행의 동선인 황하로 가야 한다.

중국 최대 불교성지 오대산 대백탑

장정 속의 휴가, 여행 속의 여행, 오늘은 주일이다. 중국에서도 주일에는 가는 곳마다 교회를 찾는다. 태원에서도 교회를 찾아갔더니 가장 유명한 교회라는데 주일 아침 이렇게 철문이 내려져 있다. 오성홍기, 십자가 그리고 사회주의 핵심가치관만이 덩그러니 남아 무늬뿐인 기독교인을 기다리고 있었다.

교회는 문이 잠겼으니 거리에

나가서 사람들이나 만나보자. 아침식사도 안하고 출출해서 거리의 포장마차 비슷한 간이 음식 코너에 들렀다. 이렇게 똑같이 생긴 수레들이 교차로마다 있는데 음식을 시켜 먹으면서 몇 마디 나눠 보았다. 이 똑같은 규격의 거리 매점은 시에서 허가를 받은 사람만 할 수 있고 일주일에 5일 동안 나와서 장사를 한다고 한다. 이들 이외에는 아무도 이런 장사를 할 수 없는데 태안의 특징이다. 그리고 거리의 택시들도 모두 SUV 차량이었다.

태원시내의 거리 판매점

태안의 인민해방광장을 둘러보고 太行山脉이 있는 장치(长治)행 열차를 탔다.

주일 아침인데 철문이 내려진 교회

태행산 팔천협(八泉峽)을 가기 위해서 산동성의 허저에서 하북의 석가장, 산서의 태원, 오대산 그리고 长治와 후관(壶关)을 거쳐 태행산의 八泉峽을 가는 일정이다. 오직 대중교통만을 이용하며 일주일 동안 1,500 km 이동하는 강행군이다. 태원에서 기차를 타고 여섯 시간을 가면 산서의 地級市 长治가 나온다. 인구가 240만 정도 되는 태행산맥의 거점도시라고 봐야 한다. 八泉峽은 여기서도 또 버스를 타고 굽이굽이 한나절은 가야 하지만 장치를 들러 하루 머물고 또 떠나지 않으면 안되는 그런 여정이다.

중국이란 곳이 내가 가고 싶은 곳을 곧바로 연결해주는 노선도 없고 그럴 만큼 땅덩어리가 작지 않다. 그 덕분에 이번 양강 여행을 하는 동안 들러 들러 구경한 도시가 셀 수 없이 많다. 내가 사는 포천시가 15만이 안된다고 걱정들인데 중국은 듣보잡 도시가 500만, 200만 최소 6~70만, 중국에서 포천시는 그저 작은 현에 불과하다. 무얼 크기로 비교하겠는가? 장치에 가면 가장 눈에 들어오는 게 육부탑(六府塔)이다.

태원의 해방광장

산서성의 장치역

장치의 육부탑

중국의 교육열은 우리의 70년대를 보는 듯하다. 장치의 장치1중 교문 앞에 고등학교 진학률을 선전하는 게시판이 있어 훑어보았다. 얼핏 보아도 우수반, 이과 · 문과로 나누어 가르치는데 이과반이 압도적으로 많은게 특징이다. 바로 길 건너에는 엄청난 기숙사가 있어서 기숙사에서 육교를 건너 곧바로 등교하는 시스템이다. 중국의 지방도시나 대도시는 이렇게 중고등학교도 거의 기숙사를 운영하는 경우가 많다.

인구 200만의 지방시이지만 산서성 산골의 인재들이 모이는 곳이다. 이곳 사람들이 추천하는 볼거리는 너무 많지만 그렇게 머물다간 몇 년을 돌아도 다 못 볼 것이다.

장치에서 팔천협가는 버스를 못잡아 한 시간 정도 거리에 있는 후관(壶关)으로 가서 차를 갈아타야 한다. 후관은 글자 그대로 호리병처럼 생긴 관문이라는 뜻인데 태행산맥이 만든 장치 대협곡은 후관

长治一中2019年高考信息公布

——务实办学传薪火，勤勉耕耘育桃李

一、坚持“对每一位学生负责，助每一位学生成功”的办学理念。文理一本达线率（不含小类）34.51%，较去年提升1.08个百分点。文理二本B以上（不含小类）达线率77.32%，较去年提升0.84个百分点，实现全面提升的备考目标。

二、坚持“低进高出，高进优出”的目标追求。优秀生（高考600分以上）成功率——即中高考吻合率以375%的成绩再次领先于同城同类学校，全市最高。

三、秉承“逢一必争，逢冠必夺”的魁星精神，让每个班级都成为最好的班级。

魁优班（理）一本达线率100%
540班（理）总达线率100%
529班（理）总达线率98.15%
539班（理）总达线率98.08%
525班（理）总达线率98.04%
531班（理）总达线率89.83%
535班（理）总达线率87.27%
538班（理）总达线率84.31%
526班（理）总达线率84.00%
528班（文）总达线率96.72%

장치1中의 고등학교 진학 홍보 게시판

을 지나야 남과 북으로 지날 수 있기에 그 이름을 따온 것이다. 인구 30만의 현인데 버스를 타고 내리는 순간 오토바이 자전거, 전동자전거, 뚝뚝이들이 얼마나 많은지 거리는 그야말로 번잡스럽기 이를 데 없다. 잠시 머리를 식히러 작은 아파트 공원에 갔는데 낯익은 동상이 있길래 뭐 여기까지 모택동 동상을 해 놓은 거지? 하고 자세히 보니 등소평 동상이었다. 중국에서 모택동 동상이 아닌 동상을 보기가 쉽지 않다. 그가 등소평이라 할지라도 말이다. 개혁개방이 가장 덜 된 동네라 그런가? 등소평 고향을 빼고 이렇게 동상이 있는 곳은 후관이 처음이다. 등소평의 배웅을 받으며 이 시골버스를 타고 산골로 산골로 들어간다.

엄청난 규모의 중학교 기숙사

한국 관광객들은 대부분 태원이나 제남에서 오기 때문에 관광버스를 타고 오지만 개인 여행자들은 이런 버스가 아니면 갈 수가 없는 곳이다. 장치 협곡을 한 시간여 달리니 막아서는 산세가 위압적이다. 태행산맥이 만든 신비의 협곡 八泉峡은 후관현(壶关县)에 있다.

이곳은 한국 사람들이 많이 오는 곳이라 오랜만에 한국 음식을 먹고 산행을 했다. 산속의 고평협

호(高平峽湖)를 배를 타고 한 바퀴 돌고 천문동을 지나 엘리베이터로 내려 다시 황하로 간다.

장기간 여행을 하다 보면 친절한 사람을 만날 때 그 동안의 피로가 잊혀진다. 八泉峽에서 셔틀버스 기사를 하는 어느 기사, 선한 인상에 오후 늦게 도착한 나를 안내소까지 태워다 주고 내가 한국 사람임을 알고 조선족까지 소개시켜 주더니 다음날 린저우(林州)를 가려고 길가에서 차를 기다리는데 바로 그 기사가 차를 몰고 가다가 세우더니 반갑게 인사하면서 무조건 타라는 것이다. 차에 올랐더니 어디를 가느냐 묻길래 林州를 가는데 차편이 없어 이렇게 무작정 기다리고 있다고 했더니 걱정말라고 자기가 차를 잡아주겠다며 한참을 가더니 청룡현 관리소에 도착해 그곳 직원에게 林州 가는 차를 잡아주라고 신신당부하고 떠나는 것이다. 어찌나 고맙던지 어제 한번 만난 것밖에

후관의 등소평 동상

장치 협곡을 오가는 버스

태행산 팔천협

팔천협에서

없는데 1년여 중국을 다니면서 참 기억에 남는 친절한 사람이었다.

린저우(林州)는 태행산맥의 하남성 최북단에 있는 인구 100만 정도의 현급시다. 다시 황하로 돌아가는 길에 안양가는 버스를 타려고 내렸다. 작은 수로 옆의 포장마차에서 국수 한 그릇으로 허기진 배를 채우고 일어서려는데 시내에 웬 수로가 있어 물어보았더니 홍치취(紅旗渠)란다. 홍치취라고 하는 중국 공산당의 자력갱생 정신의 모범으로 지금도 紅旗渠精神으로 계몽되고 있는 인공수로다.

1960년부터 1969년까지 태행산 협곡에서 린저우시까지 70 km의

난구간의 물길 공사를 기념하여 지금은 국가5A급 관광지로 되어 수많은 사람들이 오는 곳이다.

뇌봉정신과 함께 홍기거정신도 60년대 오직 노동력으로만 건설하던 당시의 정신운동의 교과서로 지금도 사회주의 정신 교육장으로 유명한 곳이다.

지나가는 길에 이전에 알지 못했던 중국의 사회주의 건설운동의 한 단면을 보는 이번 여행의 보너스를 받은 느낌이었다. 기회가 되면 전 구간을 한번 보고 싶은 곳이다. 린저우에서 버스로 두 시간 남짓 하남성 안양에서 1박하고 다시 황하가 있는 산동성으로 간다.

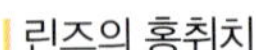
린즈의 홍취치

린저우에서 안양까지 버스로 갔는데 버스가 종점에 도착하기 전에 대로변에서 다들 내려주는 것이다. 터미널까지 갔다가 다시 나오는 수고를 덜어주는 모양이다. 나도 부랴부랴 배낭을 메고 내렸는데 아뿔싸! 손가방이 없다. 어깨에 메고 다니는 작은 가방으로 그 안에 여권, 지갑 그리고 다 잃어버려도 되지만 그동안 7개월 동안 찍은 사진을 담아놓은 usb가 그 속에 있다. 순간 눈앞이 캄캄하고 벼락을 맞은 듯 모든 신경이 정지된 느낌이었다. 버스는 사라지고 종점 터미널은 어디인지 알 수 없고 이걸 어쩐다, '식겁(食怯)'이란 말이 이런 거구나!

나는 무조건 택시를 잡아타고 뭐라 말을 해야겠는데 무슨 말을 해야 할지 버스가 보여야 따라가자고 하던지 터미널을 알아야 가자고 하던지 입이 떨어지지 않았다. 그래도 내가 지금 버스에 가방을 두고 내렸는데 그 버스를 찾아야 한다. 여기 가까운 버스터미널 '汽車站'이 어디냐? 그리로 가자. "콰이! 콰이!"를 연발하며 그야말로 호들갑을 떨었다. 다행히 가까이 터미널이 있어서 택시비를 던져주고 거스름돈도 안 받고 뛰어 들어가 방금 들어온 버스를 찾는데 알 수가 없어 서있는 버스마다 올라가 보았다. 그때 한 버스가 문이 열려있어 올라가니 그 버스 기사와 조수가 내 가방을 뒤져보고 있는 중이었다. 얼마나 감사하던지, 내가 뛰어 올라오니 그들도 가방 찾는 줄 알고 가방을 내민다. 먼저 usb가 있나 보고 여권, 지갑 순으로 내용물을 봤더니 그대로였다. 나는 고맙다고 연신 "쎄쎄"를 연발하면서 두 사람에게 중국돈 100元 씩을 주었다. 이걸 진짜 식겁이라는 거구나 깨달았다.

하남성 안양은 우리가 익히 아는 갑골문이 발견된 은허의 고장이다. 여기서 하루를 묵고 문자박물관을 돌아보고 이번 여행은 마무리한다. 사실 아무런 계획없이 동선만 정하고 도착한 도시에서 그때그때 보고 싶은 것을 보는 재미도 있다. 모든 게 뜻하지 않게 보게 되는 느낌이랄까?

중국 안양의 문자박물관은 꼭 한번 가보길 권하고 싶은 박물관이다. 그 규모뿐 아니라 문자의 역사를 통해서 중국을 이해하는 데 큰 도움이 될 것이다. 3,500년 전 갑골문으로부터 현재의 컴퓨터에 이르기까지 시대별로 잘 구성되어 있고 특히 중국 문자의 생성, 발전, 원리 등을 잘 표현했다. 문자는 점을 치고 그 뜻을 표현하기 위해 만들기 시작해서 시대별로 그 시대의 식기, 제기 등 생활도구에 새기고 제문이나 비석 등으로 확대되었다. 안양 문자박물관엔 화폐에 새겨진

문자를 통해 그 변천사를 보여주는데 화폐의 변천사를 함께 볼 수 있어 흥미롭다. 또 다른 전시실에는 중국의 각 민족들의 문자를 전시해 놓았는데 이곳도 큰 의미가 있다. 그중 내 발길을 한참 붙잡아 둔 곳은 바로 '朝鮮文'이라고 쓴 우리말 전시공간이었다.

이 소개 글에서 훈민정음 창제 연도부터 틀리게 해 놓았다. 훈민정음은 세종 25년 1443년 창제되어 1446년 반포되었다고 우리는 알고 있는데 여기는 1444년이라고 되어있다. 전시실 근무자에게 년도가 틀렸다고 하니까 공식적으로 문제제기하라고 한다.

중국의 통일은 문자의 통일, 언어의 통일과 일치한다. 중국의 소수민족 중에서 자치주나 자치구를 가진 민족들은 모두 문자를 가지고 있다. 한자와 자기들 문자로 병기하는 민족들은 규모가 있고 문화적 역량이 있는 민족이다. 조선족 또한 200만 밖에 안되지만 중국에서 가장 우수한 문자를 가진 민족 아니던가?

중국의 통일에서 문자 즉 언어의 통일이 갖는 의미는 단순하지 않다. 중국은 스스로를 일컬어 중화민족이라 한다. 이는 한족만이 아니

조선문 소개

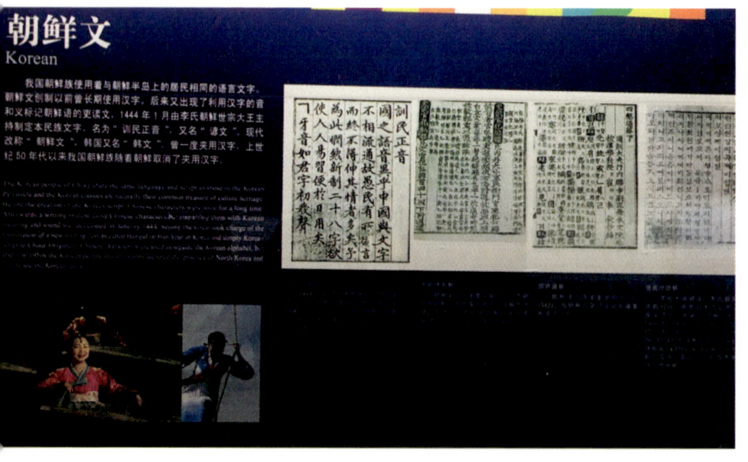

훈민정음

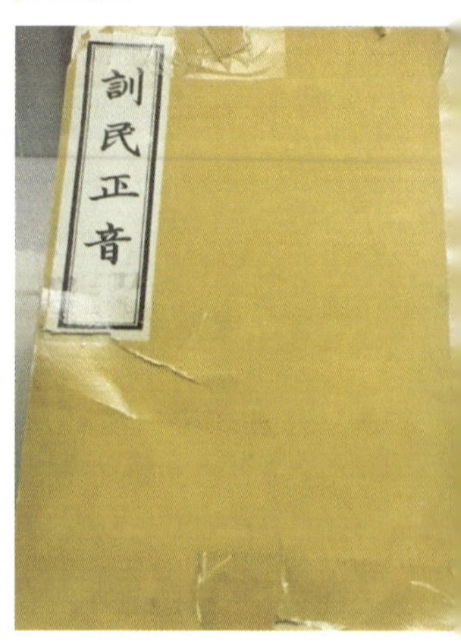

라 56개 소수민족을 포함해 뭉뚱그려 중화민족이라고 한다. 이는 미국이 전세계의 모든 민족이 모여 USA를 만든 것과 크게 다르지 않다. 중화의 구심력과 각개 민족의 원심력이 끊임없이 이합집산하며 써온 역사가 중국의 역사이니까.

문자박물관의 마지막 전시관은 죽간에서 컴퓨터까지 인쇄의 발전사를 보여주는 공간이다

그런데 이 전시실에 없는게 하나 있다. 바로 타자기다. 2벌식, 4벌식으로 불리던 타자기는 자음, 모음으로 구성된 표음문자에서만 가능한 인쇄기이다. 5만 개의 한자를 그런 방식의 타자기로 칠 수 있는 것은 애초부터 불가능했기 때문이다. 그래도 중국인들은 자신들의 문자, 한자가 가장 우수한 문자라고 자부심이 대단하다. 한자는 요즘의 컴퓨터에도 직접 입력이 불가능하다. 병음이라는 발음 기호가 없었다면 중국 한자는 이 시대에 사라져 간 만주문자, 거란문자 같은 운명이 될 수도 있었을 것이다.

1926년에 국어 로마자 병음 연구위원회가 만들어지고 국민당 정부에서도 연구를 계속하다 1958년 중국 공산당 제1기 전국 인민 대표대회의 비준으로 정식 공포가 된다. 병음과 간체화는 중국 한자의 IT화의 기초가 되었음은 두말할 나위도 없다.

문자 전시관에 중국내 소수민족 문자들을 보면서 한글의 우수성은 말할 것도 없으려니와 '한글이 로마자 병음도 대신할 수 있었는데' 하는 아쉬운 상상을 해본다. 사실 한글의 창제 동기도 한자를 어떻게 읽느냐의 문제였기에 중국의 병음 제정과 다르지 않다. 병음은 발음을 통일하는 문제고 간자는 대중의 편리성이 그 주된 이유였던 것이다.

한글을 창제하고 조선의 왕이 한글의 원리를 가지고 중국 황제에게 우리가 중국 어디서나 똑같은 발음을 배우고 쓸 수 있는 기막힌 병음을 만들어왔으니 부디 유용히 써서 중국의 통일과 발전에 기여했으

면 좋겠다 면서 이를 주고 만약 그 때 한글을 병음으로 받아들였다면 중국은 지금쯤 한글과 한자를 병용하는 나라가 되지 않았을까? 하는 발칙한 상상을 하면서 다시 황하가 있는 산동성 지난행 열차에 몸을 싣는다.

열차에 앉아서 휴대폰을 바라보며 문득 이런 생각을 한다. 문자는 개념을 만들고 개념은 논리를 만들고 논리는 세계를 만든다. 문자가 손바닥에서 손바닥으로 차갑게 날아다니며 세상은 점점 더 빠르게 어지러워진다. 세상을 손바닥 보듯이 아는 것 같지만 손바닥 뒤집듯이 가벼워지고 세상을 손바닥 안에 넣은 것 같지만 나도 그 누군가의 손바닥 안에 있다. 더 거친 문자로 창을 만들고 더 정교한 문자로 방패를 만든다. 3차 대전은 손바닥 전쟁이다. 당신의 모든 싸움은 언제나 성전(圣战)이겠지만 말이다 이런 생각을 하며 일주일간의 여행 속의 여행 추석 휴가가 끝이 났다.

산동성 -중국 사상의 발원지

중국 사람들은 황하를 가리켜 '母亲的江' 즉 어머니의 강이라 부른다. 더 깊고 더 큰 장강이 있는데도 말이다. 그것은 역사적인 中原이 황하 유역이어서 그런 이유도 클 것이다. 중국이 마르크스-레닌주의를 근본으로 한 중국 특색 사회주의를 기본강령으로 하는데 이 중국 특색의 의미가 무엇일까?

전통 사상을 기반으로 하는 이론이다. 마르크스-레닌주의는 무산계급의 계급독재라는 통치 방식에 관한 이론적 정당성을 제공할 뿐 다양한 민족과 계층의 사람들을 향해 사회발전의 이상을 말하기에는 턱없이 초라하다. 교조적 마르크스주의 혁명론에 한계를 느낀 모택동의 신민주주의론, 농민혁명론 등이 중국특색 사회주의의 첫걸음이다. 모택동은 스스로 중국 고전과 전통사상에 밝았고 그 장점을 계승해야 한다는 생각을 깊이 있게 고민했다. 그것이 모택동을 다른 공산주의자와 다른 혁명가로 만든 것이고 중국을 건국한 혁명가가 되게 한 원동력이다.

한 때 문화혁명으로 주춤했지만 실용주의를 내건 등소평에 의해 이어지고 지금은 중화민족주의로 변화되고 있는 중이다. 그 전통사상의 중심에는 유학이 있다. 공맹의 사상이다. 공자는 세상의 다스림에 관심을 놓지 않았다. 군주와 백성, 군자와 소인, 인의예지신, 춘추전국시대 노나라의 공자는 제국을 얻진 못했지만 훗날 뭇 제국들의 혼이 되었다.

취푸(曲阜)는 산동성에 있는 공자의 고향이다. 제남(济南)에서 기차를 타고 제녕(济宁)으로 가서 버스를 타고 취푸(曲阜)로 갔다. 인구

72 m의 공자 동상

65만의 작은 도시 취푸는 춘추전국 노나라의 도읍이었다. 취푸는 곧 공자요 孔城이다. 시내는 공묘(孔庙), 공림(孔林)으로 이루어졌고 니산성경(尼山圣境)등 공자 아닌 곳이 없다.

성인은 죽어서도 고향 사람을 먹여 살린다. 제자가 72명이라고 72 m의 공자 동상을 세우는 공자의 후손들, 중국은 모든 종교가 있지만 모든 종교가 현세구복의 용도다. 그리고 모든 종교를 상품화한다. 하루에 약 3만명 정도가 온다니 65만 인구를 먹여 살리지 않겠는가?

중국인들은 공자를 세계 10大 성인이란다. 그 열 명이 누굴까? 공자묘에도 향을 피우고 절하는 사람들이 줄을 서 있다. 공림에서 나오는 길에 또 한 사람의 孔氏가 한 줌의 재가 되어 숲속으로 들어가는

공자묘에 참배하는 사람들

공묘에 들어가는 공자의 후손

것을 보았다.

성 밖으로 나와서 취푸의 일상을 걷는다.

취푸에는 맛있는 한국요리 식당이 있다. 별로 크지 않는 규모인데 한국의 김치찌개와 싱크로율이 100%이다. 주인이 중국인인데 한국에 가서 직접 요리를 배웠다고 한다. 보통 중국에서 한국음식을 먹으려면 대도시 쇼핑몰이나 한국 기업이 있는 곳인데 이런 소도시에 이렇게 작은 한국식당은 흔치않다. 취푸에는 공자와 유학관련 기관들과 학교도 많다. 그리고 취푸 사범대학이 있다. 마침 학기 초라 신입생들의 군사훈련 수료식이 열리고 있었다. 중국의 대학생들은 모두 입학과 동시에 군사훈련을 받는다. 우리가 박정희 시대에 교련을 받은 것보다 더 엄격한 군사훈련이다.

취푸의 한국 식당

신입생들이 9월 초에 개학 전이나 국경절 이후 3~4주 동안 받는

유학 강당

공자 문화원

군사훈련인데 이 친구들 말로는 얼굴이 까매지는 시간이란다. 군부대로 가는 것은 아니고 군사훈련 교관이 학교로 파견되어 군사이론, 제식훈련, 협동작전능력, 신속반응 능력 등을 가르친다. 남녀 모두 준 군인이다. 중국 대학생이 3,000만이 넘으니 유사시에는 모두 전투가 가능한 그야말로 인해전술의 엄청난 상비군이다.

취푸를 떠나 지닝으로 가려고 취푸역에 갔는데 까오티에(고속철)가 들어오면서 취푸동역이 생기고 본래 취푸역은 초라하기 이를 데 없다.

역전 광고판에 있는 공익광고이다.

취푸 사범대의 군사훈련

취푸역

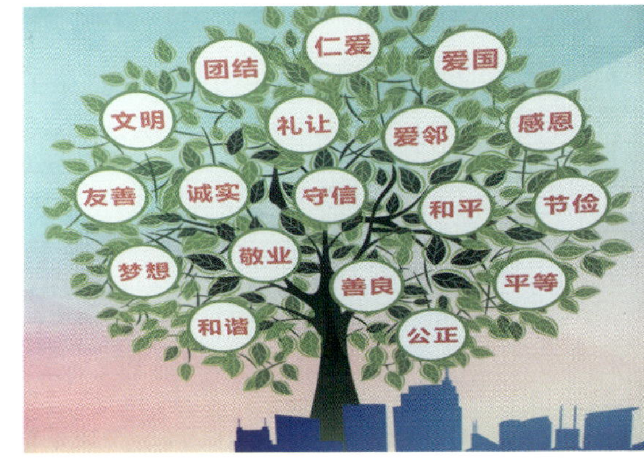

사회주의 덕목

인민들의 덕목이랄까? 세상의 좋은 말은 다 열린 나무다.

지닝(济宁)은 산동성에서 5번째로 큰 도시이다. 지닝은 경항운하 역할을 하는 남양호와 미산호가 있고 황하로 가는 물길이 있다. 지닝의 한 식당에 이런 친절한 간판이 있다. 뷔페 식당인데 서로 같이 먹으면 안 되는 상극표이다. 계란과 사카린을 먹으면 식중독에 걸리고 심하면 사망한다고 한다. 섬뜩하다.

지닝의 태백호는 미산호의 북쪽 끝을 이르는데 풍광이 아름답고 습지가 잘 발달되어 시민들의 휴식처로 각광을 받는 곳이다.

국경절을 준비하는 합창단, 각종 문화 공연 등이 펼쳐져 걸으면서도 심심치 않은 여정이었다.

인구 800만의 지닝시 중국도 이제 거리에 흡연 구역을 만들만큼 금연 문화가 발전하고 있다.

길거리를 지나다가 그늘에서 장기 두는 사람들이 있어 구경하

음식 상극표

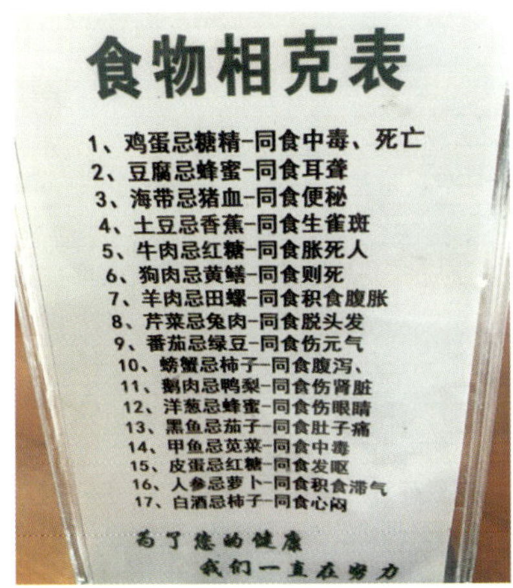

면서 훈수를 두다가 한판 두어보기까지 했다. 중국 장기의 규칙은 우리와 좀 달랐다. 아니 장기 알부터 달랐다. 한국의 장기는 알의 크기가 졸이 제일 작고 왕이 제일 큰 세 가지인데 중국 장기는 알의 크기가 똑같다. 그리고 행마에서 특이한 것 하나는 포(包)가 이동할 때는 차와 똑같이 움직일 수 있고 상대를 공격할 때만 넘어가야 하는데 포가 포를 넘을 수도 있는 것이 눈에 띄게 다르다.

이제 지닝에서 황하 백 리 길을 걷기 위해 다시 지난으로 간다. 지난 가는 기차는 K8272 일반기차, 기차 안에 있는 모든 사람들이 휴대폰에 붙잡혀 있다.

중국의 경제 발전을 보면서 한국을 생각해 본다. 박정희를 경제 발전시킨 대통령으로, 보릿고개를 없앤 대통령으로 온갖 칭송, 영웅시하는 사람들이 현재의 중국을 보면 중국 공산당의 업적에 비하면 박정희는 새 발의 피다. 지난 40년 개혁 개방 이후 발전된 중국 경제는 일본도, 한국도 이루지 못한 엄청난 발전이다. 특히 한국의 기독교인들은 자신들은 종교의 자유가 있다고 큰 소리친다. 그 기독교가 무슨 일을 하는지, 자신들은 정치

장기두는 사람들

휴대폰에 붙잡힌 사람들

지난의 황하

적 자유가 있다고 중국을 폄하하는데 한국 정치가 무슨 일을 하는지 물으면 그냥 세뇌된 착각이거나 무지한 착각이라는 걸 중국에서 생각해본다.

이 큰 땅 덩어리를 이만큼 끌고 가는 것, 한국은 겸허히 배워야 한다. 중국인들은 한국은 미국의 식민지라고 보고 있다. 국방과 외교를 한국 마음대로 할 수 있냐고 나에게 묻는다.

중국은 인도를 후진의 반면교사로 이용한다. 인도는 교통사고 사망자가 연간 15만명이라고 하면서 헬멧을 쓰자는 캠페인을 한다. 중국도 헬멧 쓰는 사람이 없으면서 말이다.

차창 풍경 속의 중국의 발전상을 보면서 지난에 도착해 지난 황하 백 리 길을 3일 동안 걷는 여정을 준비한다.

이제 장강 6,500 km와 황하 5,500 km, 총 12,000 km의 여정 중에 500여 km를 남겨놓고 있다. 황하는 지난에 이르러 유유히 꽃길을 흐른다.

지난시 야경

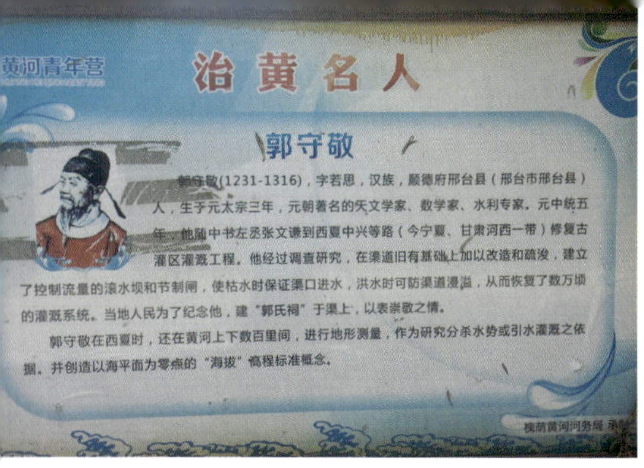

치황명인

교각의 치수 구호

첫날 10.4 km, 둘째 날 20.5 km, 셋째 날 11 km를 걸었다. 가는 길 곳곳에 治黄名人들을 소개하는 입간판이 꽤 있었다.

황하 철교 교각이 써놓은 구호는 지금도 황하 치수가 얼마나 중요한 일인가를 잘 보여주고 있다.

지난 황하 백리 길을 걸으면서 무작정 떠난 12,000 km 여정을 뒤돌아본다. 여기까지 올 수 있었던 것은 목적지가 있었기 때문이다. 장강 발원지가 목적지요, 또 황하구 발해만이 목적지이다. 우리 인생의 목적지는 어디인가? 가는 방법은 다양하지만 목적지가 있다는 것, 그

지난의 황하길

목적지가 훌륭한 곳이라는 것이 중요하다.

잠시 지친 다리도 쉴 겸 감사의 기도도 드릴 겸, 천주교 홍가루(洪家楼)성당엘 갔다. 이 성당은 1901년에 시작해서 1905년 완공된 고딕 양식의 아름다운 성당이다. 안으로 들어가 보면 이렇게 아름다운 성전이 중국에 있다니 이탈리아나 유럽의 성당을 보는 느낌이었다. 우리나라에 이보다 아름다운 성당이 있을까?

성당 뒤편 좌우에는 고해성사를 하는 작은 방이 있었다. 문득 고해성사를 하고픈 마음이 들었다. 나그네의 이 답답한 마음을 들어줄 이가 있다면 얼마나 좋을까?

지난의 홍지아루 성당

성당 내부

발해만, 黃河口가 보인다

지난에서 빈주(濱州)가는 버스를 탔다. 이제 남은 여정은 빈주–동영–黃河口(발해만)이다. 빈주는 인구 400만의 황하 삼각주에 있는 경제 중심 도시이다. 황하에 있는 빈주부교를 갔다. 황하의 마지막 부교이다. 이 부교는 황하대교가 있기 전부터 아주 중요한 교통로이고 군사용 다리이다. 양쪽에는 군인들이 지키고 있고 건너는 사람도 별로 없다. 건너가도 되느냐 물었더니, '왜 가느냐?' 되묻길래 그냥 한번 걸어 갔다 오겠다 했더니 조심해서 다녀오란다.

황하를 건너는 것은 부교만큼 좋은 것은 없는 것 같다. 그 물소리, 물빛을 듣고 보면서 말이다.

저 황토물이 흘러 들어가는 곳은 발해만이고 그 이래로 중국은 황해라 부른다. 장강이 들어가는 바다는 동해라 부르고, 대만과 홍콩, 해남도까지를 남해라 부른다. 저 황토물이 서해바다의 방부제 역할을

빈주의 황하

빈주의 란호

하는 생명수인 것을 이 부교위에 서니 느낌이 확 온다.

빈주의 황하는 삼각주 저지대이기 때문에 광막한 평원이다. 장강은 수많은 호수를 마치 물주머니처럼 달고 있지만 황하는 그런 호수가 전혀 없다. 빈주에 와서야 란호라는 호수를 끼고 있다. 언젠가는 이 란호가 황하의 본류였을 것이다.

빈주에서 마지막 밤을 보내며 사뭇 가까워진 조국 한국을 떠올려본다.

이승만이 자랑스러운가? 모택동을 보라.

박정희가 위대한가? 등소평을 보라.

오늘의 중국을 유사 이래 전례가 없는 경제발전이라고 일본이 평가한다. 한국이 중국보다 앞선 분야가 이젠 거의 없다. 그럼에도 한국인들의 중국에 대한 태도는 매우 우월한 감정을 가지고 있다. 한국인들은 신앙의 자유가 있다면서 중국을 얕본다. 그 신앙으로 뭘 하는데? 정치의 자유가 있다고 일당독재를 비난한다. 그런데 그 한국 정치가 과연 보기에 좋은가? 역사의 대부분을 중국에 조공을 바치던 나라 일제에 굴욕을 당하고 분단된 나라 미국에 의존하며 중국을 얕보는 나라 이런 나라를 조국으로 가지고 있다.

중국은 10월 1일 국경절을 앞두고 있다. 가는 곳마다 '我和我的祖國' 노래가 울려 퍼진다. 그 가사는 이렇다.

> "나와 내 조국은 잠시도 떨어질 수 없다.
> 산을 노래하고 강을 노래한다.
> 촌락의 밥짓는 연기…
> 바다의 파도와 물보라 같다.
> 바다가 웃을 때 나는 웃음의 소용돌이다.
> 영원히 마르지 않는 바다
> 내게 푸른 파도, 마음의 노래를 영원히 다오."

산과 강과 민중의 삶과 바다와 같은 조국을 노래한다.
곡조 또한 심금을 울린다.
중국인들이 가장 좋아하는 애국가 수준의 노래다.
나의 조국은 어떤가?
나는 조국을 어떻게 생각하고 있는가?"
북한에도 이와 유사한 노래가 있다.

> "그대가 한그루 나무라면은
> 이 몸은 가지에 피는 잎사귀
> 찬바람 불어와 떨어진대도
> 흙이 되어 뿌리 덮어주리라
> 아~ 아~ 나의 조국아
> 흙이 되어 뿌리 떨어주리라"

뭐 이런 가사가 있다.
우리도 박정희 시대에 '나의 조국'이란 애국가요가 있었다.

> "백두산에 푸른 정기 이땅을 수호하고
> 한라산에 높은 기상 이나라 지켜왔네
> 무궁화꽃 피고 져도 유구한 우리역사
> 굳세게도 살아왔네 슬기로운 우리 겨레"

어린 시절 박정희 작사 작곡이라고 한창 불렀던 노래이다. 중국으로 들려오는 나의 조국은 '조국사태'로 연일 시끄럽다. 참 자랑스럽지 못하다.

다시 돌아갈 분단 조국 70년은 어떤 모습이었을까?
분단 주류권력의 변화를 보면 한눈에 알 수 있다.

친일 적산 세력과 법조 카르텔로 시작한 지배 세력이 4.19를 지나 군부 재벌 세력과 법조 카르텔로 이는 6월 항쟁으로 문민 재벌 세력과 법조 카르텔로 바뀌었다.

지난 70년간 분단 한국의 지배 권력의 성격을 개념화 보았다.

변함없었던 게 법조 카르텔이다. 아니 강화되어 오기만 했다. 여기에 저항했던 역사가 민주화의 역사와 다름 아니다.

친일 군부 문민은 정치 재벌은 변함없는 몸통 즉 밥그릇 법조 카르텔은 시스템이다.

여기 영남 편향도 부정할 수 없는 특성이 있다. 머리가 복잡해지지 않는가?

문재인과 검찰의 수 싸움 미국과 북한 변수(아니 때론 상수)는 논외로 하더라도 문재인은 이 검찰 중심의 법조 카르텔의 우위에 있지 않은 한 임기 후 '선대왕'의 전철을 밟는 사극이 재현될 수도 있다. 그러나 지금은 서로의 팔만 자를 수밖에 없다.

재미있다기보다는 두 사람의 싸움이 처연하다. 그리고 웃기게 비장하다.

동영시(东营市)에서 다시 동영항(东营港) 가는 버스를 타야한다. 마지막 차표다.

37050201 山东汽车客运发票

密码:

发票联

发票代码 137051892002

1033-01055447

东营总站 0557次 东营港

发票号码 01055447

乘车日期	发车时间	检票口	车牌号	座位号
2019-09-27	15:30	东区6号		8

车辆车型 / 等级 / 类别	上限票价	客票类型	执行票价
中高一		全	30.00

未申报免票儿童 M758*8615 CHUL

이번 여행의 마지막 차표

동영에서 동영항 가는 길은 온통 유전과 염전이다. 황하 하구에 유전이 있을 줄은 상상하지 못했다. 그런데 산동성 동영이 중국 제2의 석유 산지란다. 그러면 1위는 어디겠냐고 묻는다. 나는 대뜸 신장! 그랬더니

황하구의 유전

흑룡강이라고 한다.

황하 삼각주의 넓은 평원과 습지 게다가 그 밑에는 엄청난 석유까지 이 무슨 복인가?

동영항의 바다! 상해 숭명도를 떠난지 7개월 10일 만에 다시 바다로 왔다.

동영항의 발해 해변가에도 온통 제유기들이 연신 머리를 조아린다. 이 제유기를 동네 사람들은 磕头虫(커토우총)이라 부른다 방아깨비처럼 머리를 끄덕인다고 붙은 이름이 재밌다.

동영항에서 저무는 해를 바라보며 지나온 시간들을 되짚어 본다.

발해만에 서다

중국 양강 여행의 종착지를 앞두고 동영항에서의 행복한 추억을 떠올려 본다. 동영항에서 하루를 더 묵어야 하는 일정 변경이 있어서 무엇을 할까? 고민하는데 마침 낚시 가게가 있었다. 중국돈 90元을 주고 낚시 채비를 하고 민물과 교차하는 곳에 앉아서 낚시를 했다. 손바닥 만한 고기를 10여수 잡아서는 놓아주고 잡고 놓아주고 그런데도 재미있었다. 그런데 낚시 가게 주인이 내가 잡은 고기 사진을 보더니 그런 고기는 여기선 잡지 않는 고기란다. 서해바다 망둥이처럼 생겼는데 말이다. 아무튼 그렇게 낚시가게 사람들과 말을 붙이고 이야기를 하는데 어느새 일가족이 다 모여 이야기꽃을 피웠다. 내 중국말 억양이 이상한지 내가 말할 때마다 너무들 좋아하는 것이 나를 더 재밌게 한다.

그 날 저녁은 이들이 정식으로 초대해서 함께 맛난 저녁식사를 했다. 남자들은 모두 정유공장에 다니고 여자들은 낚시 가게와 화장품 판매점을 한다. 다들 한국에 가고 싶다고 하길래 오면 연락하라고 서로 전화번호를 주고받고 헤어지는데 중국을 떠나는 나그네의 환송식 같아 너무 행복했다.

동영에서 만난 사람들

따듯한 환송

참 따뜻한 중국 사람들이었다.

황하 발원지에서 떠난 지 3개월 반 이제 그 끝에 왔다.

황하구에 도착하는 오늘은 중국 최대 명절 국경절이다. 그것도 건국 70주년 국경절 오성홍기를 나눠주고 가는 곳마다 사람들로 북적인다. 황하구 가는 길은 걸어서 가기에는 너무 멀고 개인 트레킹을 하지 못하게 한다. 셔틀을 타고 습지를 지나가야만 한다.

방대한 습지 공원이다.

새들의 천국이다.

황하 발원지

황하 발원비

황하구의 습지

새들의 천국

발해만을 바라보며

이제 황하는 5,500 km를 달려와 바다를 일으킨다. 바다와 만나는 황하의 마지막 모습이다. 황하는 장강과 다르게 그 처음과 끝이 초원과 습지에 누워 흐르는 모습이 흡사하다.

내가 황하 발원지 청해성에서 여기까지 석 달 반만에 왔다고 하니까 이 행사 참가자들이 축하 퍼포먼스를 해준다.

황하구 도착

도착을 축하해 주는 중국 공연단

저 바다 끝에는 내가 떠나온 분단 조국 Korea가 있다.

| 발해만으로 들어가는 황하

양안일기 (兩岸日記)

대만에 가면 중국이 보인다. 아니 대만에 가야 비로소 중국을 온전히 보게 된다. 중국은 대만과는 두 개의 중국 즉 일국양제를 거부한다. 대만 또한 마찬가지이다. 홍콩이나 마카오는 일국양제다. 그러나 대만은 중국의 23개 성 중의 하나, 대만성이다. 대만 또한 하나의 중국 노선에는 변함이 없다. 대만사람들은 중국을 따루(大陸)라고 부른다. 중국이라고도 하지 않고 본토라고도 하지 않는다. 그냥 대륙이다. 대만의 자칭 정식 명칭은 중화민국이다. 중화민국은 타이완과 대륙을 포함하는 개념이다. 사람들은 대만을 일컬어 "중국말 쓰는 일본이다."라고 한다. 두 사람만 있어도 줄을 서고 조용하고 거리도 깨끗하다. '중국사람들이 왜 시끄러울까?' 대만에 와서 그 답을 얻었다.

중국, 대륙사람들이 시끄러운 건 바로 교육의 차이였다. 성조 때문은 아니다. 똑같은 성조를 쓰는 대만사람들은 열차, 버스, 역, 터미널 등에서 조용하다. 말도 많이 하지도 않지만 모두 속삭이듯이 대화를 한다. 오히려 내가 하는 중국말이 억양이 세고 말소리가 크다. 장개석과 모택동의 차이 아닐까? 라고 한다면 너무 침소봉대라고 하겠지?

중정(장개석의 본명)기념당에 있는 장개석의 3대 이념은 윤리, 민주, 과학이다. 윤리를 중시하는 사상이 조용한 대만인을 만들지 않았을까? 짐작해본다. 장개석 동상 좌우에 걸려있는 생명(生命)과 생활(生活)에 대한 정의가 눈에 띈다.

> "生命的意義在創造的宇宙繼起之生命,
> 生活的目的在增進人類全體的生活"

중정기념당 표어1,2

'생명의 의의는 우주에서 계속 이어지는 생명의 창조에 있다, 생활의 목적은 인류 전체의 생활을 증진 시키는데 있다.'

대륙에서 쫓겨난 장개석 그의 사상은 확실히 대륙을 장악한 모택동의 그것과는 사뭇 다르다. 그는 제국주의보다 공산주의를 더 위험하게 생각했다. 모택동은 장개석의 이런 생각을 자신의 권력만을 생각하는 부르주아 정도로 생각했다. 그러나

중정기념당

누구 생각이 옳은지는 아직 결론이 나지 않았다. 대만으로 쫓겨와 나라 대접도 못받고 어정쩡하게 살고 있는 대만이지만 대만사람들의 마음속엔 아직 누구 생각이 옳은지는 더 시간이 흘러야 한다고 생각하고 있다. 대륙사람들은 이러한 대만사람들의 생각은 '정신승리'일 뿐이라고 생각할지 모르지만 아직 중국대륙의 중화 인민공화국의 역사는 고작 70년밖에 지나지 않았다.

대만의 자존심은 타이페이 박물관이 잘 보여준다. 중국의 각 성도에 있는 박물관들과 대만의 중앙박물관은 그야말로 그 규모에 있어서 일개 성의 박물관이라 할 수밖에 없는 규모이다. 중국의 각 성의 박물관은 그 성의 특색과 역사를 잘 살려서 전시를 한다. 그러나 대만의 박물관은 대만의 특색과 역사를 주로 하지 않았다. 대만의 중앙박물관은 그야말로 중국의 중앙박물관 컨셉이었다. 사실 전시된 유물들은 장개석 군대가 대만으로 쫓겨오면서 대륙에서 가져온 것들이 대부분

고궁박물원

이다. 일단 전시된 유물들의 크기가 가져오기 편한 것들이거나 개인 소장품들이었기에 작은 유물들이 대부분이다. 그럼에도 중국의 5,000년 역사를 보여주려 장황히 전시 공간을 만들었다. 왜일까? 대만은 일개 성이 아니라 中華民國이라는 웅변을 그 박물관을 통해서도 하고 싶은 것이다. 대륙 박물관의 미니어처인듯한 박물관을 보면서 대만의 아픈 마음을 엿볼 수 있었다.

사람들은 대만 박물관 하면 떠오르는 게 배추옥이다. 그것이 대만 박물관의 모습이다. 호북 박물관의 편종, 서안 박물관의 당나라 유물, 중국 전체가 사실 박물관이라 해도 과언이 아니다. 대만 박물관을 보고 나니 대만의 현실이 고스란히 진열되어 있는 듯하다.

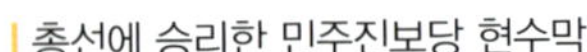
총선에 승리한 민주진보당 현수막

장개석은 왜 대중을 잃었는가? 대만의 사상이 여전히 대륙을 통일할 힘이 있는가? 미국과 일본 없이 가능한가? 중국은 대만문제를 兩岸문제라고 부른다. 이때 양안은 대륙과 해양세력과의 전선을 말할지도 모른다. 2019년 총통선거가 끝난 다음 날의 대만은 언제 선거가 있었나 싶을 정도로 차분했다. 승리한 차이잉원은 민주당(민주진보당) 후보로 역대 최대득표로 연임에 성공했다.

중국에 절대 굴복하지 않겠다며 대중국 강경 정책으로 선거전을 승리로 이끌었다. 오히려 국민당의 대중국 정책이 더 강경해야 하는 것 아닐까? 장개석의 후예들이 이끄는 국민당을 대만국민들은 왜 외면했을까?

대만과 중국은 둘 다 '하나의 중국'을 내세우고 있기 때문에 실용주의가 발붙일 틈이 없다. 이는 우리의 남북문제와 공통점이 있다. 한국의 헌법에 대한민국 영토는 '한반도와 그 부속 도서로 한다'로 되어 있다. 이는 북한은 국가가 아니라는 말과 같다. 여기에 가장 철저한 정치세력이 미래 통합당이다. 그럼에도 민주당이 선거에서 승리를 거둔다. 하지만 민주당도 이 영토조항을 부정할 수는 없다. 즉 북한을 국가로 인정할 수 없다는 것이다. 하나의 중국을 버리지 않는 한 양안문제는 우리 남북문제와 같이 다람쥐 쳇바퀴일 수밖에 없다.

대만은 미국과 수교하지 못하고 있고 당연히 군사동맹도 없다. 대만의 딜레마가 바로 이 지점이다. 대만의 경제는 1980년에 머물러 있

파룬궁의 홍보 벽보

다. 1979년 미·중수교 후 대만은 더 이상 아시아의 용이 아니었다. 지금도 대만의 도시 모습은 중국의 도시와 비교해 확연히 뒤처지고 있음을 알 수 있다. 그러면서도 경제의 중국의존도는 점점 커지고 있다. 타이페이의 보수적인 택시기사는 '차이잉원 넘버원!'이라고 추켜세운다. 그러나 화롄의 택시기사는 대륙에게 너무 밉보여 대륙관광객이 없어서 싫단다. 이념과 실용! 대만의 외줄타기의 균형추이다.

사람이 많이 모인 곳이면 어디나 파룬궁(法輪功) 신자들의 홍보부스가 있다.

대륙에서 무참히 쫓겨난 파룬궁이 대만에서 '중국공산당은 결국 종말을 맞이할 것'이라며 선전에 열을 올리고 있다. 중국공산당의 종말을 확신하며 가야 할 이념노선이냐 뒤처지는 경제문제를 우선에 두는 실용노선이냐 어느 것도 분명할 수 없는 형편이다. 그렇다고 노골적으로 미·일과 군사동맹을 맺을 수는 더더욱 없다. 대륙의 양안정책의 다양성과 공격성에 비하면 대만의 그것은 복잡하기 이를 데 없다.

파룬궁이 퍼포먼스

선거에 패배한 국민당은 세대교체를 부르짖고 있다. 낡아버린 국민당의 오늘의 자화상이다. 사실 한국도 자세히 보면 2010년 즈음에 머물러 있다. 극심한 정치적 갈등과 경제적 정체는 대만처럼 쇠락하는 모습을 보이고 있다. 대만과 한국의 시대적 목표 또한 변함이 없다. 대만은 자유민주주의와 대륙통일, 한국은 자유민주주의와 반공통일. 어디에 그 답이 있을까? 모든 통일은 선인가? 20세기 유물을 21세기가 벌써 20년이 지나도록 버리지 못하고 있는 양안과 남북, 양하 만리 길의 종착지 대만에 와서 맞닥뜨린 벽! 왜 하나의 중국이어야만 하는가? 왜 통일된 조국이어야 하는가? 중국을 주유(周遊)하고 대만에 오니 대만이 보이고 비로소 온전히 중국대륙이 보이는 느낌이다.

중국 사람들도 民國시기를 부정하지 않는다. 중화인민공화국 직전 중화민국이 중국의 공식 정부였음을 인정한다. 다만 중화민국의 시대는 청나라가 지나간 시대이듯 지나갔다는 것이다. 그러나 대만 사람들의 중화민국은 다르다. 장개석과 모택동, 이승만과 김일성, 동아시아 근현대사의 상징적 인물들이 지금의 이 '뫼비우스의 띠' 같은 현실을 만든 사람들일까? 그저 이합집산하는 역사 속의 한 인물일까? 1세

대만의 원주민과 함께

기가 가까워오는 분열과 분단, 이제는 관성화된 긴장과 갈등, 미 · 중 간의 갈등으로 만들어지는 세계질서는 동아시아를 더욱 세계화의 중심지로 만들고 있다. 영국, 스페인, 그리고 일본, 급기야 장개석 군대까지 대만섬을 둘러싼 근현대사 100년은 바로 중국의 민낯이기에 충분하다.

중국과 일본 사이에 있는 대만, '중국어 쓰는 일본사람'이라는 표현답게 대륙사람들과는 사뭇 다른 중국인이다.

대만에는 TSMC라는 세계 최대의 반도체 파운드리 회사가 있다. 중국의 화웨이를 제제하려는 미국이 TSMC에게 화웨이 납품을 중지할 것을 요청했지만 TSMC는 '우리는 모두의 파운드리다'라며 거절했다. 대만은 중국과도 자존심을 세우지만 그 피는 여전히 China일 수밖에 없다는 것을 TSMC가 미국을 대하는 태도에서 엿볼 수 있다. 세계는 사실 서로가 서로를 배제할 수만은 없는 운명공동체가 되어버렸다. 돌아오는 비행기에서 내려다 본 대만섬은 여전히 대륙을 꿈꾸고 있고 대양으로 나아가려 하고 있다.

귀국선 – 천안함과 세월호의 밤바다를 건너

황하구에서 발해를 바라보며 바다 건너 조국을 생각한다. 여행 중에 남북과 북미 회담으로 평화 무드가 조성되나 했더니 돌아오는 길에 들려오는 뉴스는 다시 원점이다. 동영에서 돌아갈 한국을 생각하면서 쉽게 발걸음이 떨어지지 못하는 이 마음은 무얼까? 동영에서 마지막 밤을 보내며 어떻게 돌아갈까? 바다를 바라보며 밀려오는 파도를 바라보는 데 문득 '그래 배를 타고 가보자'. 서해바다, 중국사람들은 발해, 동해로 부르는 서해바다, 바닷길로 가야겠다 생각하니 돌아오는 발걸음이 한결 가벼워진다. 황하구의 동영에서 연태까지 버스를 타고 산동성의 해안가를 거슬러 내려오면서 줄곧 바다, 서해바다를 생각한다.

귀국선 객실

우리에게 서해바다는 어떤 바다일까? 산동반도와 한반도는 서해바다를 사이에 두고 가장 가까운 거리에 있다. 항해술이 발달한 이래로 무역선이 오갔고 고기잡이 배들이 서로 마주 보며 부대끼던 바다이다. 이젠 중국, 북한, 한국이 저마다의 영역을 관리하는 긴장과 갈등의 바다이기도 하다. 위해에서 밤 9시에 출발하는 페

리호는 다음날 새벽 5시에 인천항에 도착한다. 한 무리의 싸이클 동호인들과 조선족 보따리상들이 승객의 대부분이다.

위해항(威海港) 웨이밍 페리호 5124호실.

오후 세시 반 출국 수속을 하는데 공안이 따로 부르더니 여권을 한참이나 뒤적인다. 아마 너무 많은 지역을 다닌 흔적이 그들의 정보망에 나타난 모양이다. '왜 왔느냐?' 묻길래 '여행을 다녔다. 그리고 우리 딸이 유학 중인데 딸도 만날겸 왔다 간다'고 하니 그냥 보내준다. 9시에 출발하는데 4시에 승선완료이니 5시간을 배 안에서 기다리는 것이다. 간단한 저녁을 먹고 난 후 선실 내 TV에는 여전히 조국사태로 시끄럽다. 8개월 중국을 다니고 돌아오는데 변함이 없다니, 아니 더 극

천안함

악스럽게 싸우고 있다. 이 어지러운 조국으로 가는 마음이 가볍지가 않다.

선실에 누워서 세월호 아이들을 떠올려본다. 아이들이 배 떠나기 전 어떤 기분이었을까? 세월호가 침몰한 지 2000일이 되는 날이란다. 천안함 장병들은 또 출발 전 어떤 느낌이었을까? 모두들 그것이 마지막일거라 생각한 사람은 아무도 없었을 것이다.

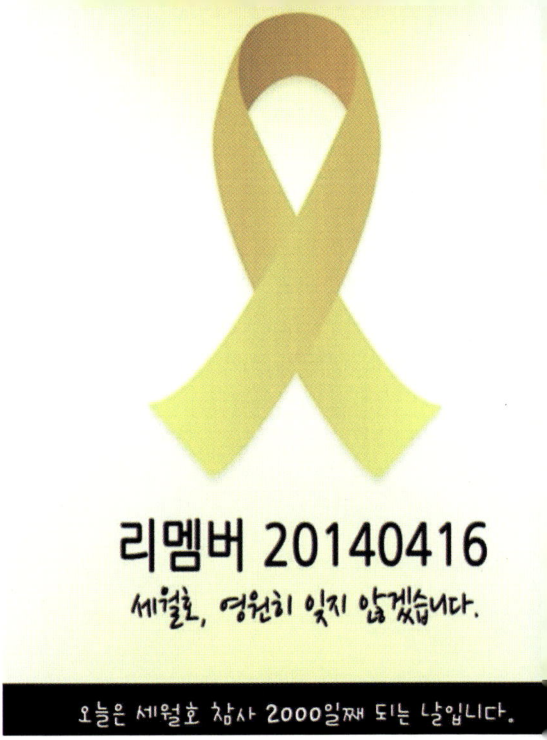

같은 방에 탄 사람은 낙지를 수입하는 사람인데 생물을 배에 싣고 오느라 밤새 잠을 못자며 들락거린다. 선실 침상에 누워 지난 8개월간의 여정을 거슬러 올라가 본다. 숱한 일들이 스쳐 지나간다. 1만 2천 키로를 돌아 이 귀국선에 누워있는 나그네를 생각한다. 무엇때문에, 무엇을 위해서 그 고행을 했던가? 한반도가 안타까워서, 그래 그거였어!

밤바다, 칠흑 같은 바다, 망망대해에 나가보자. 천암함, 세월호, 무언가 한국분단사의 깊은 비밀을 간직하고 있는 것 같은 의구심을 많은 사람이 내려놓지 못하고 있는 두 배가 침몰했던 곳, 바로 이 서해바다의 일이다.

문득 서해 바다 칠흑 같은 바다 위 뱃전에서 희미한 고기잡이 배의 불빛을 바라보며 심청전의 심청이가 떠오른다. 아버지 심학규의 무지와 욕심, 그리고 심청의 효심, 돈이 된다면 사람도 바다에 던질 수 있는 비정한 장사꾼들... 조선후기 판소리 소설 심청전의 작가는 단지 효

리멤버 20140416
세월호, 영원히 잊지 않겠습니다.
오늘은 세월호 참사 2000일째 되는 날입니다.

세월호의 기억

칠흑의 서해 바다

심의 중요성을 말하기 위해 이 소설을 썼을까?

대만의 원주민 마을에 가면 지금도 전해 내려오는 전설이 있다. 깊은 산속에 원주민 마을이 있었는데 이 마을엔 식인 습관이 있었다. 오봉선사가 이 마을을 지나다 식인 습관 때문에 매년 한 사람씩 희생되는 무지함을 목격한다. 원래 신망이 두텁고 존경받는 오봉선사가 이 식인 습관을 안타까워 하는데도 좀체로 마을 사람들은 그들의 습관과 믿음을 버리지 않았다. 생각다 못한 오봉선사는 마을 촌장에게 모월 모일 모시 동구밖 산당 나무 아래에 가면 큰 삿갓을 쓰고 있는 사람이 있을터이니 그 사람을 올해의 식인 제물로 쓰라고 이르고 나서 어디론가 사라졌다. 약속한 그 날짜가 되어 마을 사람들은 산당 나무 아래에 선사의 말대로 삿갓을 쓴 사람이 있어 두말없이 그를 제물로 쓰기 위해 죽여 보았더니 바로 오봉선사였다. 마을 사람들은 슬피 울며 그 후로는 그 습관을 버렸다는 대만의 전설이다.

무지함! 심학규나 식인 습관이 있는 사람들이나 작가는 그 몽매함과 자기만을 위한 욕심을 보았을 것이다. 이런 생각을 하는 동안 배는 칠흑 같은 바다를 미동도 없이 미끄러져 간다.

귀국선을 타고 오는 동안 밤새 잠이 오지 않았다. 다시 생각은 천안함으로, 세월호로 옮겨갔다. 분단으로 인해 섬나라 아닌 섬나라가 된 한국, 한국의 서해 바다는 열강들의 각축장으로, 남북의 대결장으로 변해버렸다. 칠흑 같은 바다에 희생된 천안함의 젊은이들, 세월호 학생들, 우리는 우리 스스로 얼마나 무지한지 알지 못한다. 심학규는 심청의 죽음을 통해 자신의 무지함과 욕심의 눈을 떴는데 과연 이 민족은 이 숱한 희생을 통해서도 눈을 뜨지 못하고 있는 것은 아닐까? 얼마나 희생을 더 당해야 이 민족이 눈을 뜰까?

한국으로 돌아가는 배 안, 새벽 4시를 가리킨다. 한숨도 못 잤다.

왜 이리 잠이 안 오지? 떠나올 때와 달라진 것이 아무것도 없는 조국, 아니 더 악화된 느낌이다. 왜 교회, 고향, 나라의 모든 일들이 풍랑을 만난 배와 같을까?

이제 인천항이 눈앞인데 배 속에 있는 나는 요나가 된 느낌이다. 이 선실이 요나의 물고기 뱃속 일수도 있다. '나를 토해내면 나는 새로운 인생을 살아야지' 잠시 눈을 감아본다. 되어져 가는 모든 일들이 내 마음의 문제였으면 좋겠다. 곧 동이 트겠지? 태양은 어김없이 떠오른다. 새 하늘과 새 땅에.

<저자 후기>
책을 맺으며

이번 여행의 시작은 상해의 숭명도였고 그 끝은 동영의 황하구였지만 사실상의 대단원은 대만 여행이었다. 흔히 양안문제로 일컫어지는 대만을 빼 놓고 중국을 말한다는 것은 중국을 빼고 대만을 이야기 하는 것과 같은 것이라 생각한다. 장강과 황하 일정 중에 시간을 내서 대만을 다녀올까 하다가 여의치 않아 황하구를 도착하고 나서 대만을 따로 다녀왔다.

대만 여행을 마칠 즈음부터 중국 우한에서는 심상치 않은 뉴스들이 온라인으로 떠돌더니 이 책의 원고가 마무리 되어갈 즈음 코로나 19 바이러스가 중국 대륙을 강타했다. 내가 오랫동안 머물렀던 호북성 우한을 비롯해 수많은 도시들이 연일 뉴스에 등장하며 다시금 중국을 상기하게 하였다. 대륙은 당황했고 봉쇄와 봉쇄를 거듭하는 초강수를 두며 이제 한 고비 넘긴 듯 하지만 세계는 초유의 전염병으로 인하여 모든 일상이 정지되거나 최소화되고 인류는 첨단 정보사회를 구가하는 영장류의 허약함을 뼈저리게 느끼고 있다. 눈에 보이지도 않는 바이러스가 대륙을 한 순간에 봉쇄시키고 미국과 일본, 전 유럽을 무력화시키고 있다. 중국의 장강과 황하를 따라가는 일년 여의 여행기간 내내 내 머릿속을 맴돌았던 주제들 즉, 미중관계, 남북관계, 종교 특히 개신교로 일컫어지는 한국의 기독교, 정보화 사회의 미래와 그 종말성 혹은 인간의 소외 등등이 일순간에 정돈되는 느낌을 받았다.

코로나19는 핵으로 추진 되는 미국의 잠수함을 멈춰 세웠다. 전 인류의 퍼포먼스인 올림픽도 중단시켰다. 본문에서도 언급했지만 핵무기는 더 이상 무기로서의 지위를 잃게 되었다. 사람들은 바이러스를 통해 새로운 시대로 전환되어가는 것을, 아니 새로운 시대가 이미 도래했음을 온 몸으로 느끼고 있다. 그 중 가장 큰 현상은 그동안 우리에게는 없어서는 안될 듯한 커뮤니티들이 없어도 되는게 아닌가 하는 의구심을 갖게 한 것이다. 산업사회, 전통적 자본주의 사회가 왕성할 때 그 기능이나 규모가 컸던 커뮤니티들이 한 순간에 허공에 떠 버린 당황스러움을 겪고 있다.

2020년 부활절, 성 베드로 광장에 운집했어야 할 신도들은 모두 자취를 감추고 제266대 교황 프란치스코는 베드로 광장의 허공에 이렇게 읊조렸다. “지금 우리는 가장 어두운 시기를 지나고 있지만 희망을 이야기 하자”, “지구촌은 연대와 단합을 위해 노력하자”, “백신이 개발된다면 전 인류가 공유해야한다”. 어디 베드로 광장 뿐인가? 한국의 기독교, 이슬람의 금식월 모든 종교 행사들이 자취를 감추거나 온라인으로 명맥을 유지하는 정도다.

유럽인을 열광시키던 4대 프로축구리그는 재방송 방영도 이젠 흥미를 잃었고 미국의 메이저리그는 개막조차 할 수 없다. 전 세계 하늘을 어지러이 날던 항공기들은 공항마다 엎드려 있고 국제 유가는 마이너스 가격이라는 초유의 사태를 겪기도 했다.

내가 대만을 갔을 때는 마침 대만의 총 선거가 치뤄질 때 였다. 선거는 차이잉원이 이끄는 민진당의 압승으로 끝났다. 민진당은 선명한 강경노선으로 어정쩡한 국민당을 제압했다. 보수의 자리마저 내주고 갈팡질팡하는 장개석의 적자들은 선거가 끝나자 모두 사죄하고 세대교체를 내걸고 재기를 다짐하였다.

코로나19가 한창이던 한국의 총선 또한 민주당의 압승이었다. 많은 사람들은 투표율이 저조할 것이라 예상했지만 결과는 정반대였다. 근래 최고 투표율(2004년을 빼고는 60%를 넘지 못했다)을 기록했고 마스크를 쓰고 2 m 간격으로 줄을 서는 불편함을 감수하면서 갈팡질팡 시대에 뒤떨어지고 사사건건 소란을 피우던 야당, 하도 당명을 자주 바꿔서 이름도 생소한 미래통합당을 심판하였다. 그들은 선거 전부터 머리를 숙이고 큰절을 하며 사정을 했지만 선거 후에는 더 큰 조아림을 해야했다. 이들도 세대교체를 하겠다고 하는 것이 대만의 국민당의 모습과 너무도 흡사했다. 오늘도 '하나의 중국'을 외치는 대만, 그리고 '하나의 Korea'를 외치는 한국. 두 나라의 모습은 달라 보이지만 너무도 흡사한 속사정이 드러나 보였다. 시대를 거스르고 뒤떨어진 정당의 말로는 대만과 한국의 총선에서 생생하게 보여주었다.

코로나19 사태는 정부기구의 중요성을 뼈저리게 느끼는 계기가 되었다. 세월호를 대처하는 박근혜 정부와 코로나19에 임하는 문재인 정부의 차이를 너무나도 쉽게 비교할 수 있게 되었다. 한국이 코로나19에 잘 대응할 수 있는 것은 세월호 학습 효과도 컸다는 강경화 외교장관의 발언은 한국의 자칭 보수들에게는 비수처럼 날카로운 한마디였을 것이다. 코로나19는 인류에게, 아니 오늘을 사는 우리들에게 불필요한 것들에 대하여 생각하게 해줬다는데 큰 역사적, 시대적 의의가 있을지 모른다.

예수가 성전의 우상에 사로잡힌 사람들에게 3일에 허물고 다시 지을 수 있다고 호언한 사건이 오늘에 이루어지고 있는 것을 우리는 보고 있다. 어쩌면 인류는 새로운 문명에 한참이나 들어와 있는데 낡은 옷을 입고 살았는지도 모른다. 아니면 통제에 익숙한 한국과 중국의 대응이 자유주의 유럽과 미국에 비해 단기적이고 효과적이었는지도 모른다. 그럼에도 불구하고 코로나19는 우리에게 엄청난 상상을 가능하게 해 주는 선물일지도 모른다. 긍정적이든 부정적이든 인류는 5G 정보화사회라는 새시대를 살고 있다. 마을 공동체, 그에 기반한 각종 커뮤니티는 무력하기 이를 데 없다. 개인과 정부가 곧바로 소통하고 개인과 정부 사이에 있는 불필요한 커뮤니티들이 사람들 눈에 확연해졌다. 그러나 이것은 눈에 확연히 보이는 것일 뿐 그 시스템들이 사라진 것을 의미하지는 않는다.

미국은 세계 최대 코로나19 환자와 사망자를 통해 G1 국가의 권위에 심각한 손상을 입었다. 이 시대, 아니 저물어 가는 산업자본시대의 전형적인 자본가이자 앵글로색슨 우월주의자 미국 정치인 트럼프는 자신의 재선을 위한 선거를 앞두고 중국책임론으로 이 난국을 이겨내려고 하고 있다. 어쩌면 유일한 방법일 지도 모른다. 그 방법이 효과가 있을지 없을지는 나중 문제이지만 트럼프로서는 최선의 방법일지도 모른다. 미국은 적이 필요하다. 무엇인가 재패하려는 힘은 늘 적이 나타나고 때론 적을 만들어야 하기도 한다. 긴 중국 여행을 통해 미국과 중국이 한반도, 동북아에서 힘겨루기를 하는 이 시대를 한번도 놓치지 않으려 애쓰면서 걸었다.

코로나19로 인하여 인류는 새로운 생활 양식을 빠르게 만들어 나갈 것이다. 그러나 세계를 지배하던 우월했던 시스템들은 그 자리를 쉽게 내놓거나 버리지 못할 것이다. 봉건사회가 무너지고 르네상스와 산업자본 그리고 종교개혁으로 이어지는 중세말에 비견되는 문명의 대 전환이 아닐까 상상하는 사람이 얼마나 많을까? 가족, 마을, 회사, 교회, 정부, 세계기구까지 우리들이 밀접하게 연관되어 있다고 믿고, 없어서는 안될 것이라 의지하며 살아왔던 시스템들이다. 고전적인 자본주의의 잔치는 끝났다. 중국을 여행하며 '중국 속에 인류의 미래 가치는 얼마나 의미있게 존재할까?' '미국의 힘은 코로나19 이후에도 여전할까?' '내가 서있는 한반도는 어떤 변화를 이루어 갈까?' 이 책에서 나의 상상과 바램을 써 보았지만 이 책을 엮는 동안 그 상상은 좀 더 확연해지고 불필요한 것들에 대해 좀 더 단호해질 수 있게 되었다.

나의 여행은 여기서 끝이 나지만 그 여행에서 얻은 영감은 새로운 문명이 소용돌이 치는 한반도에서 투명한 생각과 미래를 상상하는 또 다른 여행을 즐겁게 시작할 수 있어 보람이라면 보람이고 나에게는 큰 행복이라고 자부한다.

혜초가 꿈꾸었던 인간의 고상함, 연암이 갈망 했던 새로운 세상, 응칠이 바라고 바라던 동양의 평화 아니 세계의 평화, 그 숭고함들은 아무리 세상이 변해도 살아남을 것이다. 나도 그 길에 발걸음 하나 보태면서 이 책을 맺고 싶다.

코로나19로 혼돈하는 2020년 4월

白岩齋에서 이 철 우

RUSSIA
필자의 여행 경로
KYRGYZSTAN
Aksu
Tarim
Yarkant
JIKISTAN
KISTAN
Qinghai
Lake
Yangtze
Siling Co
yushu
Nagqu
Salween
Litong
Brahmaputra
Lhasa
Nyingchi
NEPAL
BHUTAN
INDIA
BANGLADESH
Lancang /Mekong
Salween
Kun
MYANMAR
BAY OF
BENGAL
Andaman
Sea
THAILAND

Amur
Heilong Jiang
Hulun Lake
Songhua
Khanka Lake
Harbin
GOLIA
Changchun
Hunchiang
NORTH KOREA
Baotou
Hohhot
BEIJING
Tianjin
SOUTH KOREA
Shijiazhuang
Binzhou
Yinchuan
Taiyuan
Jinan
Yellow
Yan'an
Lanzhou
Zhengzhou
Luoyang
Xi'an
Hung-tse Lake
JAPA
Nanjing
A
Guangan
Shanghai
Suzhou
Anqing
Hangzhou
Wuhan
du
Jingzhou
Three Gorges Dam
Huangshan
Yangtze
Chongqing
Dongting Lake
Yangtze
Changsha
Hengyang
Taibei
Quanzhou
TAIWAN
Pearl
Shantou
Gaoxiong
Nanning
Hong Kong
VIETNAM
SOUTH CHINA SEA
PHILIPPINES
Hainan